MIKE HORN

Né en 1966 à Johannesburg, Mike Horn obtient un diplôme de science du mouvement humain à l'université de Stellenbosch. Il quitte l'Afrique du Sud en 1990, pour voyager en Europe où il travaille d'abord en tant qu'instructeur de ski et guide de rafting et canyoning. Depuis, il multiplie les exploits inédits. Il a descendu l'Amazone à la nage, a fait le tour du monde en suivant la ligne de l'équateur, a marché le long du cercle polaire arctique et a bravé la nuit hivernale pour rejoindre le pôle Nord. Il raconte ses aventures dans ses livres : *Latitude Zéro* (2001), *Conquérant de l'impossible* (2005), *Objectif : pôle Nord de nuit* (2007) et *Vouloir toucher les étoiles* (2015), tous parus chez XO Éditions. En mai 2016, Mike Horn se lance un nouveau défi : le projet « Pole2Pole ». Il part pour un périple qui relie les deux pôles (du Sud au Nord) en ski, en kayak et à bord de son voilier brise-glace. Depuis 2016, Mike Horn anime l'émission « À l'état sauvage » sur M6, dans laquelle il accompagne une personnalité pour lui apprendre à survivre sans les hommes.

Retrouvez tout l'actualité de l'auteur sur :
www.mikehorn.com

VOULOIR TOUCHER
LES ÉTOILES

DU MÊME AUTEUR
CHEZ POCKET

MIKE HORN

VOULOIR TOUCHER LES ÉTOILES

© XO Éditions, 2015
ISBN : 978-2-266-27351-0

À Cathy, mon inspiration.

Des ailes...

Enfant, j'ai reçu ce cadeau magnifique.

Entre mon père et moi, il y avait un contrat : j'étais libre d'aller où je voulais, mais à six heures du soir, pas une minute plus tard, je devais être rentré à la maison. Avant cela, je n'avais aucune limite, aucun interdit. Je pouvais atteindre le bout du monde.

Mes ailes m'ont porté loin, très loin...

Aujourd'hui, j'ai quarante-neuf ans. J'aurais dû mourir dix fois mais je suis toujours là. La vie m'a réservé une épreuve pire que les autres. Je l'ai absorbée. Je suis passé. Car l'homme, j'en suis convaincu, est un chercheur. De lui-même, des autres, du monde. L'obstacle, aussi, est une chance. Il permet de s'améliorer, de grandir. Dans la difficulté, réduit à mes seuls réflexes, j'ai toujours laissé parler ce que j'avais au plus profond de mon être.

Dans la jungle amazonienne, je mangeais quand j'avais faim, en tuant des alligators. Je n'avais pas de fusil, je n'avais pas de radio, je n'avais pas de réchaud à gaz. J'avais la terre, le fleuve et les étoiles. J'ai ainsi parcouru 40 000 kilomètres en suivant l'équateur. Je suis revenu à mon point de départ, riche d'une expérience unique. Le moindre scorpion rencontré en chemin, la moindre goutte d'eau tombée de la canopée, le plus petit feulement d'un animal, je l'ai intégré à ma vie.

Ces dernières années, j'ai parcouru l'Himalaya, j'ai tracé ma route au large de la Somalie, j'ai senti le vent du désert et la présence des talibans, j'ai vu mourir des amis en haute montagne. J'ai eu des hauts et des bas. Des hauts magnifiques et des bas terribles. Mais j'ai gardé le cap. Pour continuer à ressentir ces émotions irremplaçables. Explorer les coins les plus inaccessibles de la planète. Et transmettre aussi aux plus jeunes le goût de la liberté.

Cette liberté qui offre un espace infini à la vie.

1

Marathoniens de l'Himalaya

C'est l'histoire d'un pari fou…

Mes compagnons d'aventure s'appellent Jean Troillet, Fred Roux, Olivier Roduit. Guides de haute montagne, ce sont tous des himalayistes réputés. Jean, quand il n'est pas emmitouflé, est chauve et amusant. La soixantaine, il est le premier, avec Erhard Loretan, à avoir gravi l'Everest, sans oxygène, par le couloir de Hornbein, sur la face nord. En 1997, il a également été le premier homme à descendre une partie de cette montagne en snowboard. Il a déjà escaladé le K2, le Dhaulagiri, le Cho Oyu, le Shisha Pangma, le Makalu, le Lhotse et quelques autres 8 000 mètres. Il a aussi navigué avec Laurent Bourgnon, mon ami récemment disparu.

Fred Roux a un sourire éclatant. Cheveux courts, les yeux pétillants, c'est un amoureux de la vie qui apporte une énergie folle à nos projets. Avec lui, même quand on n'y croit plus, notre motivation reste intacte. Fred aime les gens, il trouve toujours des solutions. Volontiers farceur, il déteste les conflits inutiles.

11

Un type comme ça, on ne peut que lui faire confiance. En grimpant ensemble, on est devenus inséparables. Il le répète souvent :

— Tu deviens ami dans la souffrance !

Au passage, Fred, à quarante-deux ans, est un alpiniste extrêmement rapide au-delà de 8 000 mètres. Solide comme un roc, il pousse la performance jusqu'à se brûler les poumons... Olivier Roduit, lui, est un homme très cadré, ultra-responsable, qui forme les guides de haute montagne. Il s'est promené sur des massifs partout dans le monde. Pour moi, il est le professeur, l'expert, qui calcule et mesure en permanence. Il fait preuve d'une immense prudence. Avec raison.

Tous les quatre, nous avons mis sur pied ce projet extrême : gravir quatre 8 000 mètres à la suite. Sans oxygène, sans porteurs, sans cordes. « Et sans les mains ? » avait demandé Fred. Non, sans les mains, ce n'est pas possible, Fred...

Notre décision a été d'enchaîner le Gasherbrum 1, le Gasherbrum 2, le Broad Peak, et enfin le K2, le fameux K2 ! Les quatre montagnes sont voisines, elles se coudoient entre le nord du Pakistan et la province chinoise du Xinjiang. Le défi est de taille. D'entrée de jeu, la question s'est posée : le choix d'un novice comme moi, qui n'est pas alpiniste, est-il bien judicieux ? Tout est question de timing, de météo et de chance, en réalité. Et de volonté, aussi. Le timing se règle, la météo je n'y peux rien, la chance j'essaie de la provoquer, et la volonté, mon Dieu, je crois que j'en ai à revendre.

Seul l'aspect technique demande un réel apprentissage. Il faut apprendre. J'ai bien escaladé autrefois la cordillère des Andes, culminant à 6 000 mètres, mais le danger se précise justement au-delà de cette limite. Tiendrai-je le coup ? Je sais, à ce stade, que j'ai les meilleurs professeurs du monde : j'ai traversé le Groenland avec Jean Troillet, et mes compagnons ont tous vaincu des 8 000. De plus, nous serons entourés de David Ribeiro, réalisateur de documentaires, et de Markus Wyss, un génie de l'informatique qui a développé des programmes de communication *via* satellite.

Très vite, nous planifions l'aventure : Markus nous accompagnera jusqu'au camp de base, altitude 5 000, et installera son dispositif de « live streaming », le film en direct. Les images parviendront à Cathy, ma femme, avec un délai de neuf secondes, bien qu'elle soit en Suisse. Munis de mini-caméras, semblables à des lampes frontales, nous allons capter l'exploit en images.

C'est décidé, on y va !

Nous sommes en juin 2007.

Go !

Un mois plus tard, le 10 juillet, nous arrivons à Islamabad. La capitale du Pakistan grouille. Cœur administratif du pays, cette ville musulmane a été construite dans un endroit désertique en 1961. C'est le lieu de tous les dangers : le Cachemire, revendiqué par l'Inde, est à deux pas, et des ethnies différentes, Pachtounes, Pendjabis, se côtoient dans une atmosphère de tension. Les situations sont explosives. Et le climat n'arrange rien : au mois de juillet, la température frôle les 40 °C, les précipitations sont souvent massives…

Le jour de notre arrivée, l'armée pakistanaise déclenche l'assaut contre la mosquée Rouge, édifice religieux sunnite dirigé par Abdul Aaziz Ghazi et son frère Abdul Rashid Ghazi. Depuis huit jours, des islamistes sont retranchés là, avec des otages, des femmes et des enfants. Le jihad des frères Ghazi se soldera par des centaines de morts. Nous quittons la ville au son des explosions et des tirs de Kalachnikov. La nuit a été blanche, pour nous. La ville sent la poudre, le danger est plus tangible que celui que nous allons affronter dans la montagne.

Nous repartons à l'aube, direction Skardu. Cette ville, située au pied du Karakorum, est un endroit d'une beauté extraordinaire. Trois lacs, enchâssés dans des forêts verdoyantes, reflètent les sommets enneigés. Au printemps, le désert proche se couvre de fleurs rouges. Quel dut être l'ébahissement des premiers voyageurs occidentaux devant cette vallée d'Éden ! C'est un Français, François Bernier, qui, il y a trois siècles, a décrit le premier cette terre de Skardu...

Pour s'y rendre, on peut prendre l'avion d'Islamabad, au risque d'être secoué par des vents violents, ou bien emprunter la KKH, la Karakorum Highway, qui, bien qu'elle porte le nom d'« autoroute » (*highway*), n'est qu'un étroit spaghetti de sentier, creusé à flanc de montagne. Six cents kilomètres de cols, de nids-de-poule, de gorges vertigineuses, d'à-pics menaçants, mais aussi des carcasses de camions partout, des éboulements imprévus, et, le plus dangereux, des véhicules pakistanais conduits par des candidats au suicide ignorant quasiment tout de l'usage du frein. Le voyage dure, selon les saisons, trois ou quatre jours. Il passe par les villes de Besham, Kohistan, Chilas, Gilgit, Goro, Nagar, Passu, Sost et aboutit à Kachgar, point de départ du chemin de fer chinois. Des fous n'hésitent pas à faire la route à vélo. Mais ils ne sont pas plus fous que nous, en réalité...

Nous sommes partis avec le sourire. Nous sommes revenus avec la grimace, le jour même : un éboulement avait fermé la route. Nous prenons donc l'avion. Par chance, la météo est clémente.

Quand nous débarquons, comme les voyageurs d'autrefois, nous sommes saisis devant ce paysage sublime.

En ce mois de juillet 2007, pourtant, nous ne sommes pas à Skardu seulement pour admirer le paysage. Dès notre arrivée, nous sommes accueillis par le guide chargé de l'organisation. Il nous aidera, plus tard, à recruter nos porteurs. La machine se met en route. Jean, familier des us et coutumes du pays, a pris le leadership. Il nous présente Jan, le cuistot, et son frère Beig, le représentant de l'agence pakistanaise. Il y a aussi notre officier de liaison. Obligatoire. Nous rentrons dans une zone militaire, à la frontière du Cachemire et de la Chine ; une région extrêmement sensible. L'officier peut attester qu'on est là pour grimper, pas pour passer des armes aux talibans. Normalement, il ne nous quitte pas de toute l'expédition. C'est pesant. Mais cette fois, on s'est arrangés pour qu'il ne supporte pas notre nourriture... il rentrera plus vite que prévu à Islamabad.

Dans un premier temps, tout le monde s'embarque dans des petites Jeeps, direction Askoli. C'est un village situé dans la vallée du Shigar, au fin fond du Karakorum. Le paysage, caillouteux, est parsemé, ici ou là, de quelques rares touffes d'herbe. Des maisons à flanc de montagne sont incrustées dans la roche. Sur la passerelle moderne qui surplombe le torrent, des hommes vêtus de kurtas, sorte de chemises longues, et coiffés du pakol, le béret traditionnel, nous saluent amicalement. Ici encore, on retrouve des traces de civilisation moderne : des Jeeps, des lampes électriques, de l'eau courante. Mais bientôt, un peu plus loin, tout cela disparaîtra. Le ciel nous attend.

2

Dialogue avec la montagne

Dans des Jeeps qui roulent au pas compte tenu de l'état de la route, nous faisons encore un bout de chemin. Trois chaînes de montagnes se rencontrent ici : l'Himalaya, le Karakorum, l'Hindu Kush. La nature est riche. Les paysages sont desséchés, pierreux, écrasés par la majesté des montagnes. Nous passons des ponts hasardeux qui se balancent au-dessus de tourbillons boueux, à quelques centimètres de pentes friables.

Très vite, pourtant, après Askoli, il faut continuer à pied. Six jours d'approche sont nécessaires pour joindre Concordia, le « meeting point », le lieu où se croisent toutes les expéditions. Le site est perché à 4 600 mètres d'altitude. Dans cet espace immense convergent les glaciers de montagne les plus longs du monde : le Godwin Austen et le Baltoro...

Pour y accéder, nous grimperons vers Jola, puis Piayu – là où débute la montée du glacier de Baltoro – Urdukas – à plus de dix heures de marche de Piayu et d'où l'on aperçoit les fameuses tours de Trango – et enfin Goro 1, Goro 2, dernière étape avant Concordia. Après une courte nuit à Askoli, nous démarrons les négociations avec les chefs des porteurs. Nous avons besoin d'une centaine d'hommes pour acheminer tout notre matériel. Les porteurs se bousculent entre eux pour faire partie de l'expédition. Ils ont besoin de travailler. Un policier manie le bâton pour faire régner l'ordre. L'ambiance est un mélange de chaos et d'organisation au cordeau. Nos sherpas sont des hommes rudes, infatigables, dont le seul moyen d'existence provient de ces expéditions. Chaussés de mauvaises baskets, dormant à la dure, ils sont habitués aux conditions climatiques extrêmes, ce qui ne les empêche pas, parfois, de faire des grèves éclair, pour obtenir une augmentation de salaire. Ils balisent les voies, fixent les cordes d'ascension, portent les bouteilles d'oxygène, descendent les blessés, risquent leur vie pour les visiteurs. En guise de sacs à dos, ils portent des paniers rudimentaires avec des armatures en bois, ou bien de simples bidons en plastique. À l'intérieur, ils entassent tout ce qui nous est nécessaire : bâches, cordes, réchauds, vaisselle, couvertures, farine, lentilles, riz, sucre, fruits secs, kérosène. Chaque paquetage pèse une trentaine de kilos. À cette altitude, le fardeau est difficile à porter. S'ajoutent à notre caravane quelques mulets, un yak, des chèvres, des poulets.

Nous repartons sur des sentiers étroits, à peine suffisants pour qu'un homme y avance. Nous marchons en file indienne, sur une piste qui suit le lit de la rivière Braldu. Le moral du groupe est au beau fixe. Tout le monde avance bien, nous pénétrons bientôt au cœur d'une moraine semée d'une quantité infinie de roches, de débris, de cailloux. Sur ce terrain, difficile d'avoir un pas régulier : les pieds glissent, les chevilles se tordent, les talons ont du mal à trouver une assise. Six, parfois dix heures par jour, nous avançons.

En chemin, nous tombons sur un cantonnement sommaire gardé par des militaires enroulés dans des couvertures. Ils semblent attendre une invasion qui ne viendra jamais... Sentinelles de l'absurde.

Cet énorme glacier est un désert. Il n'y a personne. De temps en temps, seulement, un porteur monte de la nourriture ou du kérosène aux militaires. L'ambiance, comme le paysage, est lunaire. Tout ceci semble si éloigné du monde. La beauté des lieux, majestueuse, paraît protégée par cette distance avec la civilisation. On s'étonne que si peu de monde puisse contempler un tel spectacle.

Étant le nouveau venu dans cette aventure alpine, je m'étonne de n'éprouver aucune gêne particulière due à l'altitude. En revanche, je capte l'énergie particulière de la montagne, comme si les choses se simplifiaient au fur et à mesure. Dans cette immensité balayée par les vents, tout se réduit à l'essentiel. La pensée se concentre sur l'effort, le futur se limite au bivouac du soir. Au crépuscule, pendant que nous dressons les tentes, notre cuisinier, Jan, prépare à manger. Je les observe : hommes durs à la tâche, enfantés par la montagne, ils sont d'un groupe ethnique tibétain nommé Balti. Ils sont cousins des Burigs, des Ladakhîs, des Dards. Ils parlent un langage dont certains disent qu'il existait déjà deux siècles avant Jésus-Christ. Devenus musulmans au XVe siècle, ils ont conservé des rites bouddhistes et utilisent l'insigne de la swastika, cette croix potencée qu'on aperçoit sur le mur des mosquées. *Swastika* veut dire « bien-être » ou « qui porte chance ».

Pour eux, c'est le symbole de l'éternel retour.

À Urdukas, nous croisons des colonnes sur le retour, qui nous donnent de précieuses informations sur l'état des lieux. C'est important : nous avons choisi de partir tard dans la saison, car Jean a estimé qu'avec le changement climatique, l'hiver est de plus en plus tardif. Avec un peu de chance, nous devrions bénéficier de conditions favorables. Autre avantage : nous serons moins nombreux sur les pentes.

Le 16 juillet, jour de mon anniversaire, nous atteignons Goro 2. Difficile de rêver plus beau cadeau que ce glacier austère ceinturé de montagnes divines.

En arrivant à Concordia, d'autres alpinistes sont là, avec leurs tentes. Profitant d'un moment de repos, ils mangent des galettes locales, les pakoras, ou boivent du thé. Face aux montagnes qui surplombent Concordia, on se sent tout petit. Déjà, on ne respire plus très bien. On ne court plus, on marche bizarrement. Et pourtant, on se sent en paix. Comme John Frederic Hardy, ce voyageur infatigable qui, il y a plus d'un siècle, a baptisé le lieu Concordia. Lui parlait de « paix du cœur ». D'où le nom : Concordia, la concorde…

Sur la gauche, on aperçoit le Broad Peak, avec ses trois sommets, et plus loin, beaucoup plus loin, au fond du glacier de Godwin Austen, le mythique K2. Devant nous un massif s'élève à presque 8 000 mètres : le Gasherbrum 4 (G4). Il cache le Gasherbrum 1 (G1) et le Gasherbrum 2 (G2), nos deux premiers objectifs, qui se trouvent sur notre droite, derrière cette masse, à un jour et demi de marche. Je reste médusé par cette grandeur, cette démesure, cette beauté cent fois imaginée.

Le G1 est le onzième plus haut sommet du monde : 8 068 mètres. Sur la carte, il est le plus éloigné du groupe des montagnes XXL : parfois, on le nomme « Hidden Peak », le pic caché. Enveloppé dans les nuages, souvent, il se dérobe aux regards. Il a été vaincu en 1958. Jusqu'alors, les expéditions précédentes – celle de Dyhrenfurth en 1934, celle d'Henry de Ségogne en 1936 – se sont arrêtées en dessous de la limite de 7 000 mètres. Les nazis, puis les soviétiques voulaient démontrer l'excellence de « l'homme nouveau » en lançant leurs alpinistes dans ces montagnes : peine perdue. Ce n'est pas l'idéologie qui gagne, ici. C'est la montagne.

Il faut être armé d'un moral de fer, et avoir une condition physique parfaite. Un peu de chance, aussi, est nécessaire.

Sur notre droite, nous remontons le glacier Vigne. Çà et là, des signes rappellent les dangers qui nous guettent : la carcasse d'un mulet momifié, la carrosserie rouillée d'un hélicoptère qui s'est scratché, un tumulus qui signale une tombe...

Quand nous arrivons au camp de base, à une journée et demie de marche de Concordia, au fond du glacier, nous avons une vue directe sur le Gasherbrum 1 et le Gasherbrum 2. Une petite pluie glaciale détrempe la piste et les hommes. Nous n'avons qu'une seule envie : nous retrouver dans un endroit sec et chaud. La solitude, en revanche, est impossible. Sur la moraine, il y a un moutonnement de tentes de toutes les couleurs : rouges, bleues, vertes, jaunes. Deux cents, peut-être...

D'où viennent ces gens ? Les plus grandes tentes, les bleues, servent de mess ou de cuisine. C'est comme un bistro : on y va pour rencontrer d'autres alpinistes, bavarder, échanger des idées. Le reste du temps, la plus grande réserve est appréciée. Car, quand on vit plusieurs semaines dans la promiscuité, on devient soucieux de son intimité. Sauf urgence, personne ne rentre jamais dans une tente sans s'annoncer ou être invité.

Nous choisissons un emplacement en retrait. Nous vivrons ici trois mois. À 4 900 mètres environ. Nous nettoyons le sol, jonché de détritus, nous déplaçons des pierres pour obtenir une surface plane et monter une petite cuisine. Le glacier n'est pas droit, tout est fracassé, accidenté. À cause de l'altitude, le boulot est pénible. Nous ne sommes pas suffisamment acclimatés. Le manque d'oxygène se fait sentir. La fatigue aussi : on a déjà grimpé dur pendant six jours. À peine lève-t-on un pied, pour faire un pas, qu'on doit le reposer lourdement. En guise de toilettes, les Baltis élèvent des petites tours en pierres fermées par une bâche. La vie, ainsi, s'organise.

Nous nous préparons. Avant de grimper, une période de repos s'impose, qui permet de s'acclimater. Le temps, maussade, nous invite à rester en bas.

Ici, quand il fait beau, on atteint facilement les 15 °C. Dès qu'il neige, on descend à − 1, − 2 °C. La nuit, la température peut chuter à − 20, − 30, avec des vents parfois effrayants. On dit souvent qu'en deux jours, on peut connaître quatre saisons : c'est la « météo de Baltero ». Une météo qui laisse peu de temps pour grimper...

David, le cameraman fait des repérages. Markus s'active sur ses systèmes de connexion, et dresse des panneaux solaires. Nous vérifions notre matériel, nous dormons, nous lisons, nous bavardons. Des Tchèques nous invitent à boire le thé. Ils connaissent la réputation de Jean Troillet, et sont impressionnés par sa simplicité. Pour ces jeunes alpinistes, il est déjà une légende… La conversation tourne autour des conditions météo, évidemment, des tentatives avortées à cause du temps pourri, des voies d'accès. Les Tchèques sont impatients : leurs camps sont établis, les voies balisées par des cordes fixes. Ils attendent une fenêtre météo. Mais Jean note que les fortes chutes de neige des derniers jours rendent l'escalade périlleuse. Mieux vaut attendre que la montagne se purge de ses avalanches.

Des cordes fixes ? Nous nous en passerons. Nous serons plus légers, plus libres. Les hommes encordés dépendent les uns des autres. Si l'un tombe, il y a de grandes chances pour qu'il entraîne les autres. Par ailleurs, nous devons patienter. Tant que l'organisme n'est pas adapté, il faut faire plusieurs allers et retours, du camp de base aux camps d'altitude. Cette acclimatation est indispensable, elle demande du temps. Puis, une fois qu'on est dans le bain, il suffit d'un jour ou deux pour l'ascension finale.

Les alpinistes traditionnels, généralement, bivouaquent à toutes les étapes de la progression. Après le camp de base :

– le camp de base avancé (Advanced Base Camp) ;
– le camp 1 ;
– le camp 2 ;
– le camp 3 ;
– et parfois, comme au K2, le camp 4.

Nous, nous choisissons de gagner directement le camp 2, puis, après nous être bien hydratés, d'attaquer le sommet sans nous arrêter au camp 3. C'est notre manière de répondre à l'appel de la montagne.

Pour nous, ce style alpin, presque aérien, est plus pur.

Du camp de base au sommet, aller-retour, l'aventure durera une quarantaine d'heures. Contrairement à une idée reçue, les himalayistes ne se fixent pas comme objectif d'atteindre le sommet. En grimpant, on ne pense qu'à descendre. De manière obsessionnelle. Le vrai sommet, c'est le retour au camp de base. Entier. Vivant.

Malgré l'atmosphère bon enfant du camp de base, une certaine fébrilité se fait jour. Certains ont des migraines à répétition. Nous ne sommes pas égaux devant l'altitude. Il faut veiller aux atteintes les plus alarmantes, œdème ou problème pulmonaire. La phase de plus grande vulnérabilité se situe dans les premiers jours. Les symptômes du mal des montagnes sont bien connus : anorexie, nausées, vomissements, douleurs de l'oreille moyenne, insomnies, hypertension artérielle, déshydratation. Dans les cas les plus graves, les risques s'appellent : œdème cérébral ou cutané, microthrombose, éventuellement coma.

Il n'y a alors qu'un seul remède : la descente.

Dans notre équipe, heureusement, tout le monde se porte bien. Markus ne montera pas plus haut, et David, lui, s'établira à 6 000 mètres, juste après une zone de glaciers, dans le camp 1.

Dans la microsociété du camp de base, les gens se connaissent souvent. Ils se sont déjà croisés, pour la plupart. Ainsi, parmi ces fous de montagne, deux Italiens font figure d'exception. Mario et Mario restent dans leur coin. Le reste du monde leur est indifférent. Ils fument leur cigarette en buvant du café, le nez levé vers les sommets. Ils ne semblent pas pressés, ils ont tout le temps du monde. Ils grimperont à leur rythme. Eux aussi ont choisi l'approche pure, sans porteurs, sans oxygène, sans cordes. Ils font corps avec la nature. Rien à prouver, juste faire. Si la météo tourne mal, peu importe, ils redescendront. Ils attendront l'éclaircie. Ils ne sont pas dans l'exploit, juste dans le plaisir. C'est une façon d'être.

Nous passons la journée à observer la montagne avec nos jumelles. Quel est le « mood » – l'humeur – de cette immensité qui nous fait face ? Nous cherchons à comprendre cette montagne. Sera-t-elle capricieuse, imprévisible, changeante, amicale ? Nous voulons la voir sous tous les temps, à toutes les heures du jour et de la nuit. Nous devons nous familiariser avec elle. Plus tu la connais, plus tu as de chance d'arriver en haut et de redescendre vivant. C'est une relation qui s'instaure entre toi et la montagne…

Une semaine après notre arrivée, le temps tourne. Nous pouvons enfin grimper, établir le camp avancé à 5 600 mètres environ. Le dénivelé est d'environ 700 mètres, et la montée présente déjà de grosses difficultés techniques. Fred et Olivier marchent en tête. Je suis surpris de la sensation de lourdeur : habitué à avaler des kilomètres en terrain plat, je sens ici que ma progression est plus lente. Au fur et à mesure de l'ascension, mes gestes deviennent moins lestes. J'ai la tête claire, et la pleine conscience de mes efforts.

David suit difficilement, les dents serrées. Jean avance avec prudence : on sent l'expérience, chez lui. Avec calme, il choisit l'endroit où son pied va se poser, évalue la direction. Sa façon de faire contraste avec la mienne : je suis comme un gosse devant un cadeau. Excité.

Devant nous, le glacier, étincelant. C'est un labyrinthe. Crevasses ouvertes, crevasses dissimulées, il faut faire attention. C'est comme les champs de mines que j'ai vus en Angola. Sous une première mine, se cachaient souvent d'autres mines reliées à une minuterie et connectées à toute une série d'explosifs. Ici, il faut se méfier des fissures invisibles, des ponts de neige instables, des séracs trompeurs. Quelques drapeaux signalent les voies à emprunter. Un pas de côté, et c'est la mort. David colle littéralement à Jean. Je reste dans leurs traces. Le soleil cogne, la glace multiplie la lumière, les cristaux illuminent l'espace et, si on n'y prend pas garde, peuvent carboniser la rétine. Zones bleues, zones blanches, la palette des couleurs est d'une beauté incroyable.

Quatre heures plus tard, nous sommes dans un cirque. Les vents, parfois violents, soulèvent une brume de poussière et de gel. Devant nous, le Gasherbrum, écrasant, majestueux, colossal, tranquille. Le versant nord-ouest, que nous allons gravir, est impressionnant. Nous mesurons la difficulté, petits hommes au pied de ce géant de pierre.

Face à moi, la montagne me parle.

Une journée de repos et d'acclimatation. David vérifie ses trépieds. Fred prépare ses interviews. Non loin, les Tchèques, arrivés avant nous, se sont installés dans une grande tente. L'un d'entre eux, le plus jeune,

Karel, a été reconnu par Jean, qui l'a croisé lors d'une expédition précédente. Heureux, le gamin rougit de plaisir.

À partir de ce camp de base avancé, on ne récupère plus de ses efforts. Tous les jours, on devient plus faible. On perd en moyenne entre un kilo et un kilo et demi par semaine. On perd de la graisse, du muscle, on fond à vue d'œil.

Nous repartons pour établir le camp 2, à 6 400 mètres. Brusquement, des nuages roulent vers nous, en formation serrée, et nous engloutissent. Nous ne voyons plus le relief, ni les crevasses. Fred et Olivier, en pointe, sont suivis par Jean, qui a le pas montagnard : lent et régulier, comme un vieux diesel. Moi, j'ai attaqué en force, trop vite, et la montagne me fait comprendre que ce n'est pas son style. Je suis distancé. J'essaie de trouver la bonne cadence. Je sais marcher dans une tempête de neige, endurer la fatigue, le froid, mais ici, c'est différent. Il faut trouver un juste équilibre entre l'énergie déployée et la force à conserver. Par chance, les haltes sont fréquentes, et je rejoins presque le groupe arrêté. Ils repartent. J'ai beau forcer l'allure, je suis à la peine. Au diable la pause, je mets un point d'honneur à ne pas ralentir. Après une première partie plutôt facile survient une zone très escarpée, très crevassée. Le brouillard se lève : nous louvoyons entre des blocs de plusieurs dizaines de mètres de hauteur. On dirait qu'un Titan a joué aux dés avec.

Le camp 2 se situe juste après la sortie des séracs, non loin d'un col. Au-delà, c'est la Chine, l'Empire du Milieu, le pays du Fils du Ciel. Une vingtaine de tentes sont dressées sur le plateau enneigé, juste en dessous d'un couloir qui entaille une paroi abrupte de 400 mètres. Je suis fatigué, mais émerveillé. Mon admiration balaie tout. Privilège d'être ici, aux confins du monde, sous le soleil déclinant ! Pour mon baptême de la pierre, je ne pouvais rêver mieux.

Je vais essayer de me faire accepter par la montagne.

À regarder de près, certaines tentes sont abandonnées. Ouvertes, déchirées, elles laissent passer le vent, et semblent attendre leurs occupants qui, nous le savons, ne reviendront jamais. Nous décidons de profiter de ces abris de fortune, plutôt que de redescendre. Deux groupes se forment : Fred et Olivier, Jean et moi.

Première tâche : se réhydrater. On se fait du thé. Après, pendant le « summit push », l'attaque vers le sommet, on ne boira plus une goutte. Une gourde serait un poids inutile. Et l'eau gèlerait. Nous recueillons donc de la neige, que nous faisons fondre. La fatigue s'abat. Le corps s'alourdit. Le sommeil me fuit, sans doute un effet de l'altitude. Au niveau de la mer, le mercure est à 160 millimètres. Ici, il est à 75 millimètres. En haut, il sera à 48 millimètres. Du coup, nous le savons, le sommeil est perturbé : le sommeil profond est rare, on se réveille souvent. Nous nous contentons de micronuits – cinq minutes, un quart d'heure, une heure – en position assise, recroquevillés sur nous-mêmes. Au-dessus de 7 000 mètres, il est quasiment impossible de fermer l'œil. Le rythme métabolique se met en marche. Conséquence du manque d'air : des apnées angoissantes, des nuits peu reposantes. De toute façon, on est là pour grimper, pas pour dormir.

Quant aux autres fonctions, c'est la débâcle. Les calculs arithmétiques deviennent impossibles et l'écriture est maladroite – ce n'est pas grave, je n'ai pas l'intention de prendre des notes. Le cœur, lui, bat la chamade. Le corps fabrique des globules rouges en quantité, et le sang, plus visqueux, pénètre mal dans les tissus.

Jean avale sa soupe, et s'endort. C'est un chanceux. En quelques secondes, la tente se met à vibrer au rythme de ses ronflements. J'ai l'impression de cohabiter avec une tronçonneuse. La nuit, pourtant, sera courte : à quatre heures, nous chaussons nos crampons pour redescendre, comme prévu, dans le cadre de l'acclimatation, vers le camp de base. Le vent est très violent, rendant la descente difficile.

Les jours passent. Il nous faut faire preuve de patience. Jan, gentil cuistot, nous soigne : les petits plats sont bons pour le moral. Au menu : chapatis, sortes de galettes de pain sans levure, et dal, plat traditionnel népalais, composé de riz et de lentilles. Pour la viande, Jan nous propose de la chèvre ou du yak. Et enfin, comme dessert, nous avons droit à des raisins secs ou des salades de fruits, parfois du chocolat. Huit jours, moroses, s'écoulent ainsi. La couverture nuageuse reste en place. Personne n'a encore réussi à « ouvrir » la montagne cette année.

Le moral des grimpeurs s'amenuise, dans cette attente grise.

Je scrute les pentes à la jumelle, je cherche à mémoriser les repères, les voies de passage, les pièges éventuels. Je lis. Je m'efforce de faire baisser le rythme de mon corps, comme au yoga. Je tente de déchiffrer cette montagne, de me familiariser avec elle : si je devais me retrouver seul, je veux pouvoir me débrouiller.

Dans toutes mes aventures, même à distance, à des kilomètres de là, ma femme m'accompagne. Chaque jour, elle nous envoie des bulletins météo précis. Le visage de Cathy est présent dans chaque geste que je fais. Au fin fond du Groenland ou au beau milieu du Pacifique, elle est là. Dans l'orage ou dans la tempête, elle est là. Elle est mon camp de base. Grâce à elle, même dans les pires moments, je ne me suis jamais senti seul.

Dès qu'il y aura une accalmie, nous nous lancerons à l'assaut de la montagne, ainsi en a décidé Jean. Depuis qu'il a été vaincu en 1958, seulement 265 alpinistes ont gravi le Gasherbrum 1. La voie la plus classique pour gagner le sommet est le « couloir des Japonais », long de 700 mètres. C'est là que la plupart des grimpeurs mesurent la difficulté. Car il ne faut pas se leurrer : cette montagne est souvent mortelle. Ainsi, en 2013, sur une quarantaine d'alpinistes, vingt-deux sont morts.

Finalement, Cathy nous prévient : la météo s'améliore, brièvement.

On y va.

Nous partons pour le camp 2 où nous passons une courte nuit. Vers dix heures, nous attaquons le sommet. Les conditions sont bonnes, le froid est sec, la neige porte.

Le couloir des Japonais, ainsi nommé parce qu'il a été emprunté en 1949 par une cordée de grimpeurs asiatiques, est une zone raide, alternant rochers et glace. La pente est abrupte au début, puis s'ensuivent une zone de neige, une goulotte de glace, une autre pente escarpée, et enfin un replat aux alentours de 7 000 mètres. Ni harnais ni cordée pour nous. Uniquement des piolets et des crampons. Autrement dit, les quelques centimètres d'acier à la pointe de nos pieds sont les seuls garants de notre survie. C'est mince.

Fred monte en éclaireur, suivi d'Olivier et de Jean. Je suis bon dernier. Je me dis qu'au moins, si je dégringole, je n'emporterai personne. Débutant, je n'ai aucun point de comparaison pour évaluer la difficulté de l'ascension. Je ne me pose qu'une question : aurai-je la capacité de m'adapter à l'altitude ? C'est mon premier 8 000, je ne suis sûr de rien. La capacité de tenir à cette hauteur est une affaire de génétique.

Tout dépend de ce que dit ton ADN...

Mes crampons cognent la pierre, j'agrippe les prises possibles, je suis arrosé par les débris de neige et de glace que m'envoient mes compagnons, mais peu importe. J'avance mètre après mètre, mon esprit est tellement concentré que j'en oublie la douleur qui irradie dans mes muscles. Il fait encore nuit noire. Je trouve le rythme, la cadence, comme dans une valse hypnotique. Ma lampe frontale me donne le peu de lumière qui me suffit pour m'accrocher à la neige et avancer. Le piolet, je le tape dans la glace, et je le vois, comme en plein soleil, une demi-seconde. Puis l'image s'éteint et réapparaît plus haut. Cela signifie que je progresse. Chaque mouvement allume mon cerveau, m'indiquant que je suis bien fixé sur la paroi. Le reste n'existe pas.

Après plusieurs heures, la nuit se dilue, laissant l'aube pointer son nez. Je viens de quitter la goulotte de glace des Japonais et je m'apprête à gravir une pente chargée en neige. C'est une progression très pénible : on s'enfonce à mi-mollet. Les autres ont fait la trace, mais c'est exténuant. Je me sens lourd, empêtré. Pour combattre l'engourdissement, je calcule la trajectoire. Les paroles de Jean me hantent : « Tu arrives au sommet, tu ne t'assieds pas, tu ne fermes pas les yeux. » Le sommet disparaît de ma mémoire. La seule réalité que je perçois, c'est cette paroi, devant moi, cette roche qui me nargue, cet acier qui me maintient en vie. L'ombre noie tout.

Soudain, c'est l'éblouissement. La lumière déferle. La beauté même éclate devant moi. J'assiste à la naissance du monde. Je suis sidéré. Ces montagnes tracées au pinceau devant un ciel infini, ces lignes d'une pureté absolue, ce jet de lumière cristalline qui balaie l'horizon. C'est une extase, une sensation de perfection…

Mais brusquement, la montagne explose. Avalanche ! Impossible de rien distinguer, sauf le nuage de poudreuse qui précède la vague. Un grondement sourd parcourt l'espace. Je sens la montagne bouger sous moi. Une avalanche de poudreuse comme celle-ci atteint très vite 200 ou 300 km/h. Elle provoque d'énormes dégâts, rien ne résiste. Il arrive que les hommes soient tués par le souffle, avant même que la neige ne les atteigne. Par chance, nous ne sommes pas sur le parcours. La langue de neige déferle non loin de nous, puis c'est le silence, de nouveau. Silence de mort.

Je lève la tête. Je vois que Jean me cherche du regard, il me fait signe, et se tourne vers l'endroit où étaient Fred et Olivier. Ils ont disparu. Mon cœur se serre. Nous regardons dans tous les sens. La poussière de neige retombe. Rien. Rien.

Puis…

Puis deux points de couleur émergent. Ils sont au-dessus d'une bosse qui les a protégés en divisant l'avalanche en deux coulées. Ils agitent les bras, en gueulant de joie. Vivants ! Vivants !

Nous avons la baraka. La montagne nous a fait signe.

L'avalanche, en balayant tout, a dénudé les cordes qui pendent au milieu du couloir. Elles étaient couvertes de glace, elles sont maintenant libres. Ont-elles été posées cette année ou la saison passée ? Dieu merci, Jean, se méfiant des goulets, a suivi une voie à l'extérieur de l'entonnoir, à la limite des rochers. Déjà, il parvient à la corniche qui marque la dernière étape. Ma fatigue a disparu. Dopé par l'adrénaline, je retrouve un second souffle. Encore 50 mètres... Cinquante mètres avec, dans mon subconscient, ce drame qui me hante mais ne me freine pas, au contraire. Deux jours plus tôt, l'un des Tchèques que l'on avait croisés est tombé. La corde sur laquelle ils étaient arrimés a cassé. Son corps a rebondi trois ou quatre fois avant de s'immobiliser en bas de la pente. Mon cœur s'est serré en apprenant qu'il s'agissait de Karel, le jeune gars si fier d'avoir été reconnu par Jean. C'est un alpiniste australien qui nous l'a raconté.

La montagne ne pardonne pas la moindre erreur.

Les quarante derniers mètres sont incroyablement éprouvants. Il faut lever le bras – une torture. Abattre le piolet – un effort dément. Soulever le pied – une quasi-impossibilité. Hisser le corps en entier – un enfer. Chaque millimètre parcouru est une victoire. Quand les crampons pénètrent dans la glace, il faut qu'ils tiennent : en dessous, un vide de 2 kilomètres. Le pire, c'est le souffle qui manque. Les poumons sont douloureux, le corps a une envie frénétique d'oxygène, c'est comme une noyade. Et la fièvre des sommets qui envahit la tête.

Pour la combattre, je décide de faire jouer ma mémoire : je repère la forme des rochers, les couleurs de la neige, j'évoque le visage de ma femme, je trie dans mes souvenirs. Il y a, en vrac, mes courses sur la banquise, la descente sur l'Amazone, le sourire de mon père, la joie de mes filles. Je puise en moi-même, le plus loin possible. Les muscles sont secondaires, alors : ce qui compte, c'est le moral, la volonté, le but. On ne grimpe pas avec ses cuisses et ses bras. On grimpe avec ses tripes.

Muscles tétanisés, poumons brûlants, allure de chenille. J'ai envie de m'arrêter, mais non, encore dix pas. Une petite pause, ça ne coûte rien. Mais non, encore cinq pas. Une minute pour récupérer, fermer les yeux. Mais non, mais non… La vie, ici, n'existe plus. Si je ferme les yeux, je ne m'en sortirai pas.

Le dernier pas est le plus dur. Il me coûte mes ultimes réserves. Je me hisse, millimètre par millimètre, sur le sommet. Jean est là, tourné vers l'est, en train de prendre des photos. Il a l'air calme, il bouge au ralenti. Je le rejoins. Pas un instant nous ne nous disons que nous avons gagné. Nous n'avons fait que la moitié du chemin. Le plus important, c'est la descente. Ceux qui crient victoire en arrivant au sommet perdent souvent l'énergie indispensable pour rentrer vivant au camp de base. Pour autant, nous avons conscience d'être au sommet du monde. À 8 068 mètres, exactement. Sur une petite plate-forme d'à peine une dizaine de mètres carrés. La pointe du Gasherbrum 1 !

Malgré l'épuisement, le manque d'oxygène, je suis submergé par une vague d'émotion. Ce bleu intense, cette transparence de l'air, la sensation que nous sommes seuls à cette altitude, le sentiment que je peux toucher le ciel, tutoyer les étoiles, me noyer dans ce ciel infini... Il y a quelque chose de divin dans cet instant. Le bleu du ciel est si intense qu'il en vire au noir de velours. Pas question d'ôter les lunettes... la lumière carboniserait mes yeux. Je dois aussi éviter de transpirer. Une suée se transforme en gel, malgré les vêtements. Et le gel, c'est l'ennemi.

Des sommets émergent des nuages. Leur force minérale me renvoie à ma fragilité d'homme, et aux défis à venir. Ces montagnes-là sont gigantesques, mythiques. La chaîne de l'Himalaya s'étire sur 2 400 kilomètres, traverse sept pays, et a mis soixante-dix millions d'années à se former, après la disparition de l'océan Téthys, dont il ne reste rien. Du Gasherbrum 1, je vois les autres pics, des géants assoupis : le Gasherbrum 2, le Broad Peak et le K2, nos prochaines destinations.

Je veux sortir mon appareil photo. Il faut faire vite, car le froid, vif, appauvrit les batteries électriques, et les épuise rapidement. Or, mes gestes sont gauches, je me sens ankylosé. Tout mon corps réclame du repos, du sommeil, de la nourriture. Je n'ai rien mangé depuis vingt-huit heures. Une alarme résonne dans ma tête : « Tu fous le camp ! »

Je tente de reprendre ma respiration. Le piolet, dans ma main, pèse une tonne. Mon compagnon d'escalade, Jean, qui se trouve à quelques mètres de moi, semble s'être endormi. Il a les yeux fermés. C'est pourtant lui qui m'a dit : « Tu grimpes au sommet, tu prends quelques photos et tu fous le camp ! Si tu t'attardes là-haut, tu es mort. »

Peu à peu, j'ai l'impression que mon cerveau se déconnecte. La beauté est hypnotique. J'ai envie de m'abandonner à cette illusion de tranquillité. Je n'ai aucune envie de partir. Je veux rester encore un instant, une minute.

Jean dort-il vraiment ? Je ne sais pas. Je ne sais plus. Je n'ai plus la force de parler. Tout est épuisant, désormais. Calculer, bouger, respirer, réfléchir… Jean me l'a répété dix fois : « Mike, ne t'attarde pas ! » Seulement voilà, je n'ai qu'une envie : m'attarder. Fred et Olivier, nos deux autres compagnons d'escalade, sont déjà redescendus. Je n'arrive plus à faire le lien entre l'avertissement de Jean, l'endroit où je suis, et la vision de mon ami assis. Mon esprit flotte. Je me sens ailleurs, loin, très loin. Je suis Peter Pan, et je vole au-dessus des séracs, des glaciers, des à-pics… L'instinct de survie est là, pourtant, tapi quelque part en moi. Il entre en jeu. « Fous le camp ! »… Cette petite voix est lointaine, assourdie, peu alarmante. Puis, une pensée brutale m'envahit : où se trouve le camp de base ? Quelque part derrière moi, en bas. Je tente de bouger mais rien ne se passe. La mécanique est bloquée. Mon corps reste figé. Je me houspille : « Marche ! »

Rien.

« Marche ! »

Toujours rien.

Je suis pétrifié. Une statue de glace. Puis, sans que je sache si c'est moi qui commande ou si c'est un marionnettiste extérieur, ma jambe se lève. Je ne lui ai rien demandé, à ma jambe, pourtant. Mon corps ne m'obéit plus. Je fais un pas. Puis un autre. Je m'approche du vide.

C'est l'alerte rouge. Le décalage entre ma pensée et ma réaction musculaire est trop important. Le temps que mon cerveau donne l'ordre, que mes membres bougent, que le signal du mouvement revienne, ce temps qui devrait être de l'ordre de la milliseconde s'est étiré comme du chewing-gum. L'arc réflexe, qui, en temps normal, est de 70 millisecondes, est d'une demi-seconde, maintenant. L'information traitée par le cerveau, au lieu de progresser à la vitesse de la lumière, se traîne sur les chemins de traverse. Le rebord de la montagne s'approche. Mes pieds sont indépendants de ma volonté, ils avancent. Je vais basculer dans le vide.

« Arrête ! Stop ! »

L'ordre est violent, impératif. Mes jambes bougent quand même. L'abîme est sous mes pieds.

« Arrête, arrête, arrête ! »

Ma volonté n'a aucun effet. Mon corps est entré en rébellion. J'avance encore.

Et puis, aussi soudainement que j'ai commencé à marcher, je m'arrête. L'ordre donné est quand même parvenu là-haut. Il reste encore des points de contact entre ma tête et mon corps. L'instinct, aussitôt, me pousse à m'accroupir pour agripper quelque chose, crocheter une prise. Je suis quasiment suspendu. J'ai la sensation d'appartenir à la roche. Je me dissous dans cet air raréfié. Mon être se dilate aux dimensions de l'Univers. J'étends les bras, et j'embrasse l'horizon.

En bas, tout au fond du glacier, on distingue les virgules orange et vertes des tentes. C'est le camp de base. Cet espace est identifiable, et, même inconfortable, rétréci, limité, il est le refuge. À la fois si près et si loin. Un autre monde se trouve en bas, bariolé en orange et en vert. Un monde où on peut respirer, où la vie revient. Chaque seconde passée sur le Gasherbrum est une seconde de trop. Il n'y a aucune vie, ici, pas une plante, pas un animal. Les grimpeurs les plus aguerris – dont je ne suis pas, contrairement à Jean – ne restent pas. Ils touchent le sommet et repartent. C'est ce que je dois faire.

Ma prise de conscience est brutale. Je contemple le ciel, et je sais, vaguement, que notre vie dépend d'une pellicule d'air aussi fine qu'une pelure d'oignon. Tout ce qui vit, coquillages, coquelicots, ours, hommes des champs, femmes d'intérieur, chardons, fourmis, microbes, lézards, abricots, tout ce qui vit est contenu dans cette bulle d'air, que j'ai crevée. Je l'ai mesurée, en longueur : 40 000 kilomètres. Je l'ai arpentée, en hauteur : 8 000 mètres. C'est mince. Si cette pellicule disparaissait, tout s'en irait, flore, faune, eau, glace, mers. Le monde vivant s'effacerait comme un rêve et la planète bleue ne serait plus qu'un amas de rochers et de lave roulant sans fin dans le vide.

Extrême fragilité.

Je ne sais pas ce qui me remet debout. Le vent, peut-être. Péniblement, je rejoins Jean. Il a toujours les yeux clos. Il ressemble à un totem. D'une voix enrouée, j'égrène les mots :

— Jeannot. On. Y. Va. Main. Tenant.

Il ouvre les yeux. D'un geste solennel, il désigne la montagne.

— Regarde, Mike !

Il me montre l'infini.

— Regarde le supermarché ! Toutes ces bagnoles qui rentrent et qui sortent, les parkings géants...

Il a les lèvres gelées. Il dit : « les parkines ».

Il m'a raconté comment, dans le passé, il avait eu des visions. Mais là... Des Chinois avec des Caddies ? En train de faire leurs courses chez Bricomarché ou chez Mammouth ? Il reprend :

— C'est pas croyable, ce qu'ils achètent, ça déborde...

Je réalise que Jean est victime d'hallucinations. Il y en a qui ont vu Dieu et le diable, dans ces conditions. Je suis perplexe, quand même : jamais je n'ai eu de vision dans le désert, jamais je n'ai vu ma vie défiler devant mes yeux quand j'ai cru mourir. Plus tard, moi aussi, j'aurai d'étranges visions. À la limite du comique : des oiseaux aux longs cheveux, des femmes nues qui dansent dans le ciel...

Désarçonné par le mirage de mon ami, je vois qu'il est convaincu.

Il faut foutre le camp.

— Jean, je me tire. Faut y aller.

— Oui. Laisse-moi. Je vais te suivre...

J'espère qu'il le fera. Je suis trop faible, trop épuisé pour l'aider. Je ne peux même pas le tirer par la manche, c'est trop dur. Je devrais, pourtant. Mais je ne suis pas dans mon état normal : j'ai le stress de l'urgence, le vertige des sommets.

*
* *

Étrange sensation, à cette altitude, que celle de l'esprit qui vole autour de son corps, comme un drone autour de soi. Les calculs ne se font plus de l'intérieur mais de l'extérieur. On observe son corps, comme s'il était détaché, comme s'il était un autre. Comment rassembler les morceaux ? Seul l'esprit peut y parvenir, avec l'envie totale, irrépressible, de se battre. J'avais déjà ressenti ce dédoublement en 1998, quand j'ai été aspiré dans un siphon en descendant l'Amazone. Au fond de la rivière, j'ai vu mon esprit partir. Je ne sais pas comment mais, plus tard, bien plus tard, je me suis réveillé sur une plage de sable.

Cette fois, une seule idée surnage dans ce chaos : descendre.

3

Une autre vie

Toute ma vie, j'ai voulu aller vers l'inconnu.

Toujours, j'ai eu envie de poser le pied là où peu d'hommes se sont risqués. J'aime les lointains, je cherche l'horizon, je dépasse les limites. Au fond, je suis un peu comme ces hommes qui, autrefois, redoutaient de tomber dans le vide en atteignant le rebord de notre Terre, qu'ils croyaient plate.

En caravelle, en biplan, à cheval ou à pied, des aventuriers ont défié le Ciel et les dieux. Ce sont mes frères.

J'ai descendu l'Amazone en hydrospeed, j'ai suivi la ligne d'équateur sur 40 000 kilomètres à la voile ou à pied, j'ai bouclé le tour du pôle Nord durant la longue nuit polaire. J'ai marché sur la glace, parcouru le désert, descendu des rapides, frayé mon chemin dans la jungle. J'ai souvent frôlé la mort, et mon appétit de vivre s'est agrandi. Les possessions matérielles me sont inutiles.

J'ai grandi en Afrique du Sud, à Johannesburg. À l'époque, c'était un pays où tout était possible. Situé

41

aux extrémités de la Terre, là-bas, tout près du Sud absolu, l'Afrique du Sud était jeune, pas encore encombrée du poids des événements historiques. Il n'y avait pas d'entraves, mais une grande vitalité. L'apartheid séparait les Blancs des Noirs, mais ce système réprouvé par le reste du monde n'empêchait pas l'espoir. Il y avait un élan, une ferveur.

À la maison, mes parents étaient faciles. Ils ne fixaient pas d'interdits, mais mettaient des limites. Le cadre était léger, mais strict. La liberté s'accompagnait d'une discipline.

J'ai huit ans. Mon père, qui est directeur d'école, scelle un accord avec moi. Il sent bien que je suis remuant, il voit qu'il m'arrive de disparaître dans le bush. Donc, plutôt que de me mettre sous surveillance, il pose les règles : les jours où je n'ai pas école, je peux aller où je veux, à condition de revenir pour dix-huit heures. Nous sommes en 1974 : le pays semble calme, mais, sous la surface, l'eau bout. Nelson Mandela est en prison depuis 1963, et le premier ministre Verwoerd a été assassiné en 1966. Les premières émeutes, à Soweto, ne vont pas tarder à éclater. Le parti communiste mène la lutte, clandestinement, avec les organisations noires.

Je suis trop jeune pour m'occuper de tout cela. Je suis un gamin hyperactif, sans cesse fourré dehors, qu'il pleuve ou qu'il vente. Je cours avec les chiens, je joue avec les poules. Je construis une cabane dans un arbre, je suis Robinson Crusoé. Je n'aime pas rester dans ma chambre. Quatre murs ? Les plus beaux voyages sont ceux qu'on fait par la fenêtre...

Tous mes jouets sont des ustensiles d'extérieur :

râteau, plantoir, pelles. La pluie est mon amie. Le mauvais temps ne me fait pas rentrer. J'aime bien le vent qui vient de l'océan. L'orage m'attire, les arbres m'offrent des caches, les feuilles me caressent, la campagne me tente. Au fil des ans, j'explore les alentours de notre maison. Désormais muni de l'autorisation de mon père, je sais que le monde m'attend. Les possibilités sont infinies.

Infinies, à condition de rentrer à six heures du soir.

Je me lance. J'explore les rues, les jardins, les parcs. Je n'ai pas peur de me perdre. Parfois, j'erre au hasard. À l'école, tant bien que mal, je surnage. Mais ce n'est pas mon milieu naturel. Rester enfermé entre quatre murs, écouter un maître pérorer sur les divisions ou sur l'accord du passé simple ne m'intéresse guère. Très vite, le cercle de mes voyages s'élargit. Au bout d'un moment, la question se pose : comment aller au-delà ? Ce qui est hors de portée me tente. J'ai envie de dépasser l'horizon, comme mes héros, Vasco de Gama, Christophe Colomb, Fernand de Magellan, sir Edmund Hillary. Plus loin, toujours plus loin... La clé, c'est d'aller vite.

Mes parents m'offrent un vélo. Le bonheur ! Désormais, je peux aller où je veux.

Jamais cette nécessité, ce désir, ne me quitteront. L'envie de voyager, de se mesurer à soi-même, c'est le cœur même de mon être. Mon appétit d'aventures est insatiable. Je me sens chez moi partout. Les vents rugissent, la glace craque, l'ours rôde ? Je suis heureux sous mon bout de toile. Le soleil cogne, la soif me taraude, le sable me gifle ? Je suis content d'être derrière cette dune. Les besoins élémentaires me suffisent : dormir pour récupérer, boire pour rester alerte, garder ma vigilance toujours en éveil pour que le tigre ne me mange pas. Je ne me laisse jamais aller à la peur : j'élève mon niveau d'attention, c'est tout. Marcher dans les ténèbres, c'est facile, en réalité : il faut sortir ses antennes, sentir le terrain. Affronter un ours polaire est possible : il convient de savoir ce qu'il faut faire, ne jamais baisser les yeux. Je me défie de la peur. Elle est mauvaise conseillère.

Un jour, mon père me convoque dans son bureau. Il me dit :

— Regarde ce mur. Dis-moi ce que tu vois.

Je suis assis dans son fauteuil de cuir. Son ton est grave. La question semble sans importance, pourtant je sens que, derrière cette interrogation banale, il y a autre chose. Je me concentre. Je regarde ce mur, blanc. Il y a un tableau, qui représente un vague paysage. Il est là depuis que je suis né, je n'y ai jamais prêté attention. Je connais mon père : il veut quelque chose, mais quoi ? Je scrute l'image : un ciel gris, une terre rouge, des arbres verts. Et alors ? Qu'y a-t-il de si particulier ? Je dis :

— Il y a un ciel gris.

— Oui, et encore ?

— Une terre rouge, papa.

— Et… ?

— Des arbres verts ?

— Et au-delà de ça ?

Je me creuse la tête. Le cadre est en bois. Le mur, derrière, est d'un blanc laiteux. Il m'arrive d'y laisser la trace de mes doigts sales. Je garde le silence. Je me revois, dérapant sur le sol carrelé, parfois appuyé sur ce mur sur lequel je laisse alors des traînées que le domestique nettoie ensuite. Se laver les mains ? Pourquoi faire ? Ma mère a même installé un robinet dehors, avec un savon, mais rien à faire. Tous les murs de la maison portent l'empreinte de mes mains.

Personne ne peut me brider. Ma sœur me regarde courir, elle ne m'imite pas. Je balance ma balle de tennis, qui rebondit contre les parois en laissant des ronds de poussière. Je n'ai pas le droit de la lancer à l'intérieur, mais comment m'interdire quoi que ce soit ? Il faudrait me tenir en laisse ! Et encore... La balle rebondit d'un recoin à un autre, elle défie la pesanteur, tout le jeu consiste à calculer la trajectoire, en évitant de casser les vases à fleurs.

Sous le regard de mon père, je me force à chercher. Je note, évidemment, des traces de doigts. Bon, j'avoue.

— Je ne me suis pas lavé les mains l'autre jour. J'ai joué à la balle. Il y a une trace, papa.

— Mike, tu ne sais pas regarder.

Le rouge me monte au front, mes joues s'enflamment. Que veut-il ? Je me lève, je m'approche du mur. Un déclic se produit. Un homme a peint le mur. C'était un ouvrier entre deux âges. Il a badigeonné, puis il a passé le rouleau. Je me forge un roman. Je le raconte à mon père :

— Le peintre a utilisé un rouleau neuf, papa. Il a peint de haut en bas, puis il a fait des retouches. Il a utilisé une échelle, pas un tabouret, il a peint du plus difficile au plus facile. Il a été attentif et appliqué. Il n'a pas laissé la peinture couler.

Je suis sur la bonne voie. Je conclus, avec une note de satisfaction :

— Il avait une combinaison blanche.

— Non. Mike, tu ne sais pas regarder.

Je suis vide. Je ne sais plus quoi dire. Silence. Puis, mon père :

— Va te coucher. Tu réessaieras demain.

Je rentre dans ma chambre. Quel est le problème ? Les murs, ornés d'images de vedettes de rugby, de photos d'éléphants, de lions, de Jeeps, ne m'offrent aucune réponse. Le lit, guère plus. Sous quelque angle que je retourne le problème, aucune lumière. Le tableau, c'est non. Le mur blanc, c'est non. Le peintre, c'est non. Mon père veut me guider, mais où ? J'enrage. Je brasse mes cahiers, je feuillette mes livres de classe, je range mes papiers calques. La nuit tombe, mon sommeil est haché. Je me réveille, je me rendors. Ma tête mouline. Le matin, je me lève avec une idée. Cette fois, c'est sûr : je sais. Je me précipite dans la chambre de mes parents. Ils sont en train de discuter. Ma mère a un livre à la main.

— Viens, papa, j'ai compris.

Il est tôt. Mon père se lève en maugréant, et consent à écouter mes élucubrations. Il est un peu étonné que je n'aie pas laissé tomber son défi. Je suis survolté, la gorge nouée. Dans le bureau, je me plante en face du tableau.

Amusé, mon père me laisse faire. J'ai préparé mon speech :

— Je ne dois pas voir tout ce que toi, tu veux que j'y aperçoive. Mais toi, papa, tu dois voir comme moi je vois.

— Explique-moi.

— Tu veux savoir ce que je vois ?

— Dis-moi.

— Il n'y a pas juste un mur. Il y a la haie derrière le mur. Derrière la haie, la maison des voisins. Derrière le mur des voisins, leur salle à manger.

Je lui décris ces choses cachées. Puis j'attends le verdict, le cœur battant. Mon père sourit :

— Oui, Mike, tu as raison. À présent, tu sais regarder. Dans la vie, il ne faut pas se contenter de ce qui est apparent. Les choses déjà vues sont moins importantes que celles que tu découvres après réflexion.

L'œil intérieur, je le découvre, existe.

Le papier calque, translucide, m'a mis sur la bonne voie.

Plus tard, bien plus tard, je retrouverai cette façon de faire, avec les enfants, chez les Inuits. Ce peuple du Grand Nord a survécu sur la banquise depuis des temps anciens. Huit mille ans avant Jésus-Christ, à l'époque où les pharaons d'Égypte n'existaient pas, les Inuits savaient déjà se repérer et utiliser une technologie avancée sous forme de pierres taillées. Les enfants inuits, aujourd'hui, sont les dépositaires de cette tradition millénaire : dès qu'ils savent marcher, ils savent aussi manipuler l'*ulu*, la lame pour découper les morceaux de viande. Des gamins jouent au milieu des molosses, apprennent aux chiots à tirer des traîneaux, dressent la meute. Ils n'ont peur de rien, et sont curieux de tout.

C'est ainsi que m'ont élevé mes parents. Il y avait, chez eux, une volonté semblable de nous laisser faire, mes sœurs, mon frère et moi. Ils préféraient que nous apprenions de nos propres expériences plutôt que de suivre un ordre donné. Jamais ils ne disaient : « Tu ne peux pas faire cela », mais ils nous donnaient la possibilité d'essayer. Ils ont fabriqué des enfants autonomes.

Ma mère est professeur d'économie au collège. Elle a les cheveux gris, prématurément. Elle se charge de la discipline à la maison. Elle est intraitable sur les questions d'hygiène et de politesse. Toujours équitable, elle sait écouter. Je lui suis très attaché : plutôt que de la décevoir, je suis prêt à travailler dur. Avec moi, elle n'a pas besoin de répéter un ordre. Je peux tout lui demander, sauf sous le coup d'un caprice. Là, elle ne tolère pas. Les vapeurs, les chichis, les lubies la mettent en colère. C'est une femme qui a les pieds sur terre.

Michael Horn, mon père, est directeur d'école, et professeur de sport. C'est un esprit curieux. Il ne cesse jamais d'étudier, et, toute mon enfance, je le verrai plongé dans des dossiers. Entre deux séances de travail, il va s'entraîner, il court, il joue au rugby, c'est un athlète remarquable. Il ne supporte pas la passivité. Tu veux quelque chose ? Tu dois le conquérir, le mériter. Pour obtenir mon vélo, j'ai dû laver chaque semaine la voiture. Pour acheter un ballon, j'ai dû jardiner. Une fois que le nombre d'heures a été effectué, il m'emmène au magasin.

Avec ses deux frères, il fait partie de l'équipe provinciale de rugby du Transvaal. Il joue demi de mêlée. Chaque fois que j'entends son nom clamé par le public, lors d'un match, je suis porté par une vague de fierté. Dans la rue, les gens le saluent. S'il ne s'était pas blessé dans un match joué avec les Barbarians, il aurait fait une grande carrière internationale.

La famille Horn est étendue. Il y a des oncles, des tantes, des cousins, des frères, des sœurs. En vacances, tout ce petit monde part en minibus, toutes générations confondues, et se retrouve dans un joyeux mélange. Nous nous installons à l'intérieur du pays, ou bien sur la côte, ou encore en Namibie. Je figure parmi les plus jeunes, ce qui ne m'empêche pas de défier mes aînés. L'Afrique, c'est la terre sauvage des premiers temps, et, pour un gamin comme moi, c'est aussi le pays de l'aventure. La nature, l'espace… Une fois, au cap de Bonne-Espérance, lieu de tous les naufrages et de tous les défis, je me dis : « Tu seras aventurier. » Parole d'enfant… qui change. En grandissant, je voudrai plus tard être médecin. Puis pilote de ligne. Puis ranger dans une réserve naturelle. J'aurais des jumelles, un grand chapeau et un fusil avec une lunette, je ferais la chasse aux bracos. Je serais le protecteur des rhinocéros, des girafes et des éléphanteaux.

Nous sommes quatre. Il y a Linda, ma sœur aînée, puis moi, puis Céleste, ma sœur cadette, et enfin Martin, le petit dernier. Chaque soir, à table, c'est le même rituel. En mangeant – les mains propres ! – nous avons le droit de poser toutes les questions possibles, d'aborder tous les sujets. Nos parents nous répondent sans jamais se formaliser, sans se moquer de notre naïveté ou de notre ignorance. Chacun a ses passions : Linda recherche l'équité, la justice. Son équilibre personnel est moral : qu'est-ce que le bien, qu'est-ce que le mal ? Ce penchant la mènera à devenir juge. Céleste est l'artiste de la famille. Blonde, elle peint avec passion. Elle a réalisé de superbes portraits de mon père, juste avant sa mort. Comme Linda, et comme ma mère qui enseignait la musique, elle joue merveilleusement bien du piano et de l'orgue. Martin, lui, a toujours les mains dans le cambouis, la mécanique est son passe-temps, vieilles voitures ou Meccano. Il sera homme d'affaires. Quant à moi, c'est la nature qui me tient compagnie. Où vont les nuages ? De quoi sont-ils faits ? Puis-je marcher dessus ? Des gens habitent-ils dedans ? Les arbres éprouvent-ils de la douleur ? Les rochers sont-ils vivants ? Et pourquoi mon ombre me suit-elle partout ? Ma mère m'explique tout, avec patience. Pourtant, un jour, elle bute sur l'une de mes interrogations :

— Comment les bébés naissent-ils ?

Question classique. Réponse qui l'est moins :

— Va demander à ton père.

Mon père est occupé. Il me renvoie à ma grand-mère. Celle-ci sourit :

— J'ai oublié. Demande à ton grand-père.

Je vais voir papy. Il m'entraîne dans la bibliothèque et me dit :

— Je pense que tu trouveras la réponse, ensuite on pourra discuter de tout ça.

J'apprends avec curiosité, avec appétit. La bibliothèque, en effet, m'est d'un grand secours. Je constate qu'il faut faire des choix, que je suis responsable de ceux-ci.

Mon grand-père maternel est un personnage. Son père est arrivé de France, sa femme de Hollande. Du côté de mon père, les ancêtres Horn sont venus d'Allemagne, il y a fort longtemps. La famille est implantée en Afrique du Sud depuis quatre ou cinq générations. À vrai dire, aujourd'hui encore, Johannesburg est mon endroit. J'y suis chez moi.

Au bout de quelques mois, avec mon vélo, j'ai sillonné toutes les rues, tous les quartiers même éloignés, toutes les routes environnantes. Comment aller plus loin ? La limite de dix-huit heures est astreignante.

Un jour, je préviens mon père que je pars visiter nos cousins le lendemain. Sans mentionner la destination, ni dire de quels cousins il s'agit. J'ai tout prévu : une gourde pleine, des sandwiches, des rustines en cas de crevaison. Je pars de bonne heure, je roule toute la journée. Je suis certain d'être dans la bonne direction parce que j'ai appris à me repérer dans la voiture de mes parents. Je sais que le soleil se couche à l'ouest, et que les montagnes sont à main droite. Je connais les rues de Jo'burg, et mon sens de l'orientation est excellent. Les kilomètres filent, l'après-midi se déroule, et je réalise, en chemin, que je ne pourrai jamais être de retour à temps. Néanmoins, en toute connaissance de cause, je continue à pédaler. La limite fatidique arrive, je ne suis pas chez moi.

À la maison, c'est le branle-bas de combat. Ma mère appelle ses frères. Personne ne m'a vu. Reste son beau-frère qui vit à 300 kilomètres. Mon père comprend que c'est ma destination. Il saute dans sa voiture, et me rejoint – je suis à 30 kilomètres de Johannesburg. Avec mon vélo d'enfant à petites roues – j'ai dix ans – il me reste 270 kilomètres à faire, je n'ai pas le moindre doute quant à mes capacités. Je vois la Mercedes de mon père me dépasser, puis se rabattre. Il me fait signe. Je ne suis pas fier. Curieusement, il ne crie pas, ne parle pas. Je baisse la tête. J'ai fait une bêtise. Mon père range mon vélo dans le coffre, puis me fait signe de monter… à l'arrière.

Le chemin du retour s'effectue dans le silence total. C'est une torture.

Quand nous arrivons à la maison, pas un mot. Ma mère prépare à manger sans m'accorder d'attention et, pendant le repas, la conversation se déroule normalement, mais personne ne m'adresse la parole. Je suis un fantôme, j'ai été gommé. Une impression de gravité flotte dans la maison. Après le dessert, je monte dans ma chambre. Sans doute mon père va-t-il venir s'expliquer avec moi. J'attends. Je tourne en rond, j'ouvre un livre, je m'allonge. Il ne vient pas. Je craque. D'un bond, je descends dans le bureau, et, d'un souffle, je lance :

— Papa, pourquoi tu ne me grondes pas ?

Il lève la tête, me regarde avec tristesse.

— Mike, tu as fait une bêtise. Si quelqu'un doit venir s'expliquer, c'est toi.

J'ai la boule dans la gorge. Je ne recommencerai jamais. Ce jour-là, j'ai compris que, dans ma vie, je devrais prendre la responsabilité de tous mes choix. Assumer ses erreurs, c'est faire en sorte que les autres continuent de te respecter.

Les autres enfants rêvent peut-être de Superman ou de Flash Gordon. Moi, je n'ai pas de meilleur modèle que mon père. Je n'ai pas envie d'avoir des pouvoirs super magiques. Quand nous marchons dans la rue, ensemble, Mike et Mike, je suis fier. Je suis le fils de cet homme-là, oui messieurs-dames ! Un jour, en arrivant à l'école, un camarade me cueille à froid :

— Ton père a été nul au match d'hier ! Il est trop vieux pour continuer le rugby !

Les copains ricanent. C'est vrai, la veille, l'équipe

de la province du Transvaal s'est fait ramasser. Et alors ? Je me rebiffe :

— Le prochain qui l'ouvre, je lui mets un pain dans la gueule, on est bien d'accord ?

Évidemment, il y en a un qui l'ouvre. Il a dix-sept ans, j'en ai douze. Mais je suis en colère, et je n'ai pas peur. Mon père, c'est mon père, voilà tout. Je cogne. Tant pis pour la suite. Je me retrouve à terre, martelé par une multitude de poings. Je me roule en boule. La meute s'acharne. Je prends un œil au beurre noir, un nez en patate, des côtes froissées. Je saigne, je titube, mais je n'ai pas reculé.

De retour à la maison, je me cloître dans ma chambre. Mon père prêche le self-control, le calme en toute circonstance. La bagarre de rue, ce n'est pas son style. Il entre dans ma chambre, me voit en piteux état :

— Qu'est-ce qui se passe, tu t'es battu ?

— Les autres ont dit que tu étais nul.

Pour une fois, il ne discute pas, ne me fait pas la morale sur la nécessité de rester zen. Il me raconte une histoire. J'ouvre de grands yeux, un peu ébahi.

— Dans la forêt, Mike, il y a beaucoup d'arbres. Il y en a de gros, de majestueux, et des petits comme toi. Il y en a aussi de frêles, et des noueux, avec des formes incroyables. En t'enfonçant à couvert, si tu cherches le tronc le plus énorme, tu verras que sa hauteur est telle qu'on peut à peine distinguer la cime. Quand il fait beau, tu peux imaginer combien il est tranquille, au soleil. Mais dès que la tempête arrive, qui ramasse l'orage ? L'arbre qui dépasse de la canopée. Son tronc est fait pour absorber la violence des vents et la masse de son feuillage protège les plus petits.

53

Abrités, ils ne casseront pas. Alors, vois-tu, aujourd'hui je suis un arbre plus haut que les autres, je ramasse la violence du vent, mais je suis solide. Demain, d'autres me dépasseront. Mais je resterai ce que je suis, même vieux. C'est la vie. Tu comprends ?

Je comprends. Je n'oublierai pas. J'ai pris une leçon importante, une leçon d'existence : dans la vie, pour faire quelque chose qui sorte de l'ordinaire, on doit mettre sa tête plus haut que les autres ; mais en levant la tête, on ramasse des vents, on s'expose, on affronte la critique, la jalousie, la méchanceté. Il faut accepter de vivre tout cela. Et c'est bien ainsi. Contrairement au dicton, ce n'est pas en vivant caché qu'on vit heureux…

J'ai appris un mot : canopée.

Et je sais, grâce à papy, comment naissent les bébés.

4

Descente du Gasherbrum 1

Nous avons atteint le sommet. Grandiose. Vertigineux. Maintenant, il faut revenir, sans perdre de temps. Si la montée est pénible, c'est dans la descente que les risques sont les plus grands. La fatigue, l'exaltation du succès, le manque d'oxygène, tout concourt au faux pas. Pour l'instant, j'entame la désescalade. Mes pensées sont lentes, mais mes gestes sont moins lourds. J'ai perdu la notion de la durée. La lumière baisse, la journée se termine. La nuit, en montagne, tombe brutalement, je le sais. Tout d'un coup, on est enveloppé d'un manteau d'obscurité. Je profite des derniers instants du crépuscule pour regarder et repérer. Parvenu à quelques mètres de l'arête sommitale, je distingue une silhouette dans la neige. Combinaison jaune, c'est Jean. Il ne bouge plus. J'entre aussitôt en conflit avec moi-même. Je l'ai laissé au sommet et maintenant, il est devant moi. Je ne comprends plus. Comment a-t-il fait ? Je suis cloué sur place. La tristesse s'abat sur moi. Mon ami, mon guide, est là, couché dans le froid, sans doute mort. Il fait – 30 °C, peut-être même moins. S'est-il laissé surprendre ? Je regarde son corps, affalé, comme s'il avait hésité à se coucher là. Je monte, et je le retourne péniblement. J'aperçois un visage noir, brûlé par les intempéries, les orbites vides. Les corbeaux ont fait leur œuvre : ce sont des prédateurs redoutables, capables de s'attaquer en bande aux tentes ou au matériel. Immobile, je sombre dans un état de stupeur.

Du temps s'écoule ainsi, hors conscience. Ma tête joue avec moi, avec mon existence réelle. Qu'est-ce qui est vrai autour de moi ? Qu'est-ce qui est faux ? Ma tête est comme un poisson que je dois ramener à la canne à pêche. Puis le soulagement m'envahit. Ce n'est pas Jean. Dans un éclair de lucidité, je comprends que pour rentrer vivant, je dois garder l'esprit clair. Une seule solution.

Descendre. Vite.

Le soleil a basculé derrière la montagne. L'ombre avance à la vitesse d'un cheval au galop. Le vent d'altitude siffle. J'arrive dans le couloir où le Tchèque est tombé et d'où l'avalanche est partie. L'obscurité est totale. Ma lampe frontale est utile pour monter, elle éclaire la roche devant moi. Pour descendre, elle est parfaitement sans objet. Je m'accroche à mon piolet, à mes crampons. Je croise un autre homme, surgi de nulle part. Petit signe de tête. Bonne chance, l'ami. Une corde m'offre la facilité de la descente. Je me garde bien d'y toucher. Une cascade de neige et de glace me dégringole dessus. Je m'écarte aussi loin que possible. En levant la tête, je distingue la lueur d'une lampe frontale. Une voix me parvient :

— Mike !

C'est la voix de Jean. Il n'est pas mort, il est là ! Je gueule à mon tour, heureux. Il n'est pas resté endormi là-haut, avec ses Chinois et ses Caddies, il a eu le réflexe de descendre ! Apparemment, son petit somme à plus de 8 000 mètres l'a requinqué. Il ne tarde pas à me dépasser dans le milieu du couloir. Je suis content de le voir.

Nouveau bruit de dégringolade, gros éboulis. Le grimpeur que j'ai croisé il y a quelques minutes, un Roumain, vient de basculer dans le vide et plonge droit sur Jean. Il l'entraîne. L'obscurité les avale. Mon cœur se met à pomper. Rien que d'imaginer le corps de Jean disloqué en bas du couloir, je suis glacé. Je descends le plus vite possible, et dès que le versant s'adoucit, je me précipite, au risque de dévaler à mon tour. La lampe frontale de Jean a disparu. La neige est épaisse. J'avance tant bien que mal. Je finis par distinguer dans l'obscurité deux masses en contrebas, couchées. Ma tête est en désarroi. Pas de mouvement, pas de lumière. En brassant la neige, je tombe sur une frontale. Il ne peut pas être loin. Je cherche.

Subitement, un rugissement :

— Nom de Dieu ! Il est où, ce cinglé tombé du ciel ?

Jean s'ébroue.

Le soulagement me coupe le souffle. Enfin, ce qu'il en reste, de ce souffle, à cette altitude…

Le cinglé tombé du ciel se met à quatre pattes, et se relève en titubant, tête nue. Sous le choc, il a perdu son sac, ses gants, son matériel. Il fait deux pas, puis se met à pousser des cris. Il panique. Sans gants, il ne va pas tenir longtemps. Sans bonnet, non plus. Il a aussi perdu son piolet. Il est donc condamné.

Le replat où nous nous trouvons est noyé dans l'ombre, nous sommes dans les ténèbres. Tout est confus. Je regarde Jean. Il peste, ce qui est rassurant. Le Roumain a de la chance : j'ai des gants de rechange et un bonnet de secours. La première chose à faire est de le rassurer. S'il continue à paniquer, à 7 500 mètres, il ne va pas aller loin. Il bredouille que son piolet a disparu, que je ne peux pas le laisser comme ça. Il vire dingue. Il faut absolument qu'il atteigne le camp 3. Sans quoi sa durée de vie est sévèrement limitée. Une heure, au mieux. Le problème, c'est que je n'ai pas la force de le traîner, et si je me charge de lui, nous allons y rester ensemble. Nous sommes à la limite de la zone de mort.

*
* *

La zone de mort… cet endroit qui se situe au-dessus de 7 500 mètres. Quand on atteint cette limite, en montagne, sans masque à oxygène, le cerveau se déconnecte. Les heures sont comptées. Impossible de survivre au-delà de vingt ou vingt-quatre heures d'affilée – et cette durée est variable selon les individus. Dans l'air que nous respirons, normalement, il y a 21 % d'oxygène. Avec l'altitude, ce pourcentage diminue. Or, l'oxygène est indispensable à la fabrication d'énergie de l'organisme. Quand la PaO_2 (la pression partielle en oxygène dans le sang artériel) tombe, la vie s'arrête. Le mécanisme est simple : les cellules se dégazent, car l'oxygène qu'elles contiennent sort, pour équilibrer la pression entre l'extérieur et l'intérieur. Les conséquences sont rapides : on a mal à la tête, la respiration est altérée, la nausée suit, la coordination des mouvements devient difficile, la conscience se brouille. Au bout de quelques heures, les cellules se nécrosent.

Quand la quantité d'oxygène dans le sang descend à 17 %, la frontière entre la survie et le black-out est atteinte. Quand on est à 10 %, le temps de survie est de trois minutes. On devient d'abord dingue puis on meurt.

L'alpiniste Günther Messner a été le premier à nommer cette couche au-delà des 7 500 mètres, « zone de mort ». Avec son frère Reinhold, il en a constaté et décrit les symptômes : l'apathie, le manque d'appétit, la vulnérabilité. Chaque effort devient immense. Le simple fait de planter son piolet est hallucinant. À 6 000 mètres, lacer ses chaussures devient un acte difficile. À 7 000 mètres, le risque d'œdème est massif. À 8 000 mètres, lever son pied pour effectuer un pas est quasiment impossible. La seule chose qui surnage, c'est la volonté. On ne tient que par elle.

Et il n'y a pas que le manque d'oxygène qui menace : il y a le vent – terrible ; la température – qui varie de 20 à 60 °C ; les avalanches – imprévisibles ; la météo – rapidement changeante. Si on transpire, on gèle. Si on boit, on transpire. Si on s'endort, c'est à jamais. Si les poumons gèlent, c'est fini.

Il n'y a qu'un seul leitmotiv, lancinant : tenir, tenir, tenir.

*

* *

Je ne peux pas abandonner le Roumain comme ça, certain qu'il va mourir. Il suffit que je lui cède mon piolet. J'hésite. Du coin de l'œil, je vois que Jean a recalé sa lampe, et qu'il s'est remis en route. J'essaie de raisonner le type.

— Écoute. Calme-toi. Je te donne mon piolet. Il reste un dénivelé de 600 mètres avant le camp. Je ne peux rien faire d'autre. Suis nos traces. Moi, j'y vais. Bonne chance.

— Non ! Non ! Tu ne peux pas me laisser !

Si, je peux. Je dois, même. Sinon, je vais crever sur place. J'ai fait le maximum, et maintenant, il n'y a place, dans ma tête, que pour une seule idée : coller au train de Jean. Si le Roumain me tombe dessus, je suis foutu. Je n'ai plus le temps – ni la force – de réfléchir. J'ignore combien d'heures cette descente va me prendre. Il faudra compenser la perte du piolet, aussi. Je démarre, le regard fixé sur la frontale de Jean. Je me dépêche. Pas question de se laisser distancer.

Pendant deux heures, nous avançons à bonne allure. L'homme en perdition est loin derrière, mais il s'accroche. Il gueule. Il se plaint. Il est terrorisé. Il use son énergie. Je ne peux rien faire. Juste avant d'arriver à l'aplomb du camp 3, le versant plonge abruptement. Le passage est délicat à négocier. Je ne vois plus la lampe de Jean. Je pèse sur mes crampons, en assurant bien chaque prise. J'approche. Il reste 60 mètres de dénivelé. Quand la neige est épaisse, j'enfonce mon poing aussi loin que possible. Mes muscles brûlent. Pendant une heure, soudé à la paroi, je descends. Par bribes, les cris du gars sont portés par le vent. Je pose le pied sur le plateau. Le pire est passé. Je suis debout, encore.

La montagne, au-delà de 7 000, n'est pas une place pour aider l'autre. Quand on a des problèmes, à cette altitude, on est vraiment seul. Avec ce premier 8 000, j'ai compris qu'on ne peut pas aider quelqu'un qui ne le souhaite pas. Ou encore porter assistance à quelqu'un qui refuse de s'aider lui-même. On ne peut pas aider une personne contre son gré ou porter à bout de bras une personne qui devient dépendante de l'aide qu'on lui apporte. J'ai retenu cette leçon pour mes autres ascensions et, au-delà, pour ma vie de tous les jours. En continuant à vouloir donner un coup de main, j'allais payer de ma vie. Je me suis éloigné de cette négativité. Je n'ai pas d'autre choix que de rester positif.

Au camp 3, toutes les tentes sont occupées. Jean s'est recroquevillé sur la glace, ainsi protégé du vent par un amas de rochers. Je me laisse tomber à côté de lui. Ma fatigue est extrême. Le froid aussi, sans doute – 30 et un vent terrible. Jean bouge, me demande si je suis prêt parce qu'il commence à être gelé. Je lui explique que j'attends le Roumain pour reprendre mon piolet. Jean ne me reproche rien, mais il pense visiblement que j'ai déconné. Un alpiniste ne doit pas se séparer de son matériel. Jean se rencogne et s'endort.

Fred et Olivier, au camp 2, doivent se demander où nous sommes. Il n'y a rien à faire, sinon attendre. Je sombre dans une somnolence pesante, par intervalles. Le froid est intense. J'ai l'impression que le gel ronge mes os. Pourvu que cette attente ne dure pas… Nous n'avons rien bu ni mangé depuis trente-trois heures. Jean, les yeux fermés, récupère. Je le regarde. Avoir un tel professeur pour un 8 000 mètres est un privilège rare. L'un et l'autre, nous nous sommes donné du courage, de l'énergie.

Notre amitié a débuté par une chute dans le Rhône.

À l'époque, j'habite la Suisse depuis quelques années. Après des débuts difficiles, j'ai trouvé un emploi stable – et je suis tombé amoureux de Cathy. Je dispense alors, dans le centre de sports extrêmes No Limits – que j'ai créé avec deux copains, Roland et Thierry, et avec le support de Sector, mon sponsor –, des cours de formation en eaux vives à des guides de montagne. Je leur enseigne comment passer des rochers, traverser des rivières ou franchir des cascades. Un jour, alors que nous sommes dans le lit d'un torrent en basses eaux, des gens ouvrent les vannes du barrage en amont. Résultat : un mur d'eau arrive sur nous. Je hurle à mes élèves : « Dégagez ! », et ceux-ci se mettent à l'abri. Deux hommes sont cependant happés par la vague : j'en attrape un et l'autre est emporté. C'est Jean. Je plonge derrière lui. Je vois sa tête apparaître et disparaître dans les remous. Je me bats contre le torrent, mais Jean reste hors d'atteinte. À distance, je vois qu'il ne panique pas. Les tourbillons nous secouent, le courant nous emporte. Finalement, je l'empoigne. Il se laisse guider et me facilite la tâche. Premier objectif : éviter d'être catapultés sur les rochers et utiliser la force de l'eau pour se diriger. Impossible de combattre : il est nécessaire d'aller avec le flux. Je gueule mes instructions, il hoche la tête, je le lâche et je me mets à l'abri derrière un rocher, grâce au contre-courant. Il me suit facilement.

Nous sortons de l'eau, indemnes.

Nous devenons amis.

C'était il y a quinze ans...

Le Roumain arrive en titubant. Il passe devant nous, s'engouffre dans une tente. Pas un mot, pas un regard. Je me lève, je vais gratter la toile de sa tente, soucieux des usages :

— Tu ne m'as pas oublié ?

— Quoi ?

— Tu as mon piolet, j'en ai besoin.

— N'importe quoi. Ce n'est pas le tien.

Le ton est brutal, presque hystérique. Je me décide à ouvrir la tente, je passe la tête. Le type se démène avec ses crampons. J'adopte un ton raisonnable. Il est encore sous le choc, visiblement.

— Bien sûr que tu l'as. Je te l'ai prêté quand tu as perdu le tien. Regarde les gants et le bonnet que tu portes. Je dois descendre au camp de base, j'ai besoin de mon piolet. Garde le reste. OK ?

— Non. Tout est à moi.

Je ressors de la tente, stupéfait. On est en pleine nuit, à 7 000 mètres d'altitude. Je ne vais quand même pas assommer un gars que je viens de sauver.

De son côté, Jean est déjà debout. Il repart.

Je lui demande :

— Tu penses que je peux rentrer au camp de base comme ça ?

— Tu as pris un risque énorme pour aider ce mec. Alors même si tu dois te battre, tu récupères ton piolet et on fout le camp.

— Mais il est persuadé que ça lui appartient !

— Il fait une fixette. Tu dois lui prendre de gré ou de force, Mike.

— OK.

Cette fois, je n'hésite plus. Je vais droit à la tente, je remonte la fermeture Éclair. Jean intercepte un type à moitié endormi, attiré par les éclats de voix. J'entre, je vois le Roumain qui s'enroule dans son sac de couchage, je vois le piolet près de lui. Je fonce dessus.

— C'est pas ton piolet, c'est le mien, et j'en ai besoin pour descendre, point barre.

Je suis remonté comme une horloge, furieux. Je n'ai plus froid, je ne sens même plus la fatigue. Jean, déjà éloigné, a repris la trace. Je le suis.

Le 30 juillet, nous atteignons le camp de base. Trente-huit heures d'ascension. Nous avons ouvert la montagne, et j'ai réussi mon premier pari.

Un sommet a été vaincu. Il en reste trois.

5

Au-delà du mur

J'ai grandi entouré de copains black, dans une Afrique déchirée.

Parmi les élèves de ma mère, il y a des Noirs et des Blancs. Elle prodigue son enseignement à tous, sans distinction. L'apartheid n'est pas si strict qu'on le pense : notre quartier est mélangé. De plus, quand je travaille dans une ferme, en été, mes amis sont noirs. Le pays est sous contrôle, la presse ne nous tient pas au courant du regard des autres nations sur nous. L'apartheid fait juste partie de notre vie quotidienne, et nous n'y pensons pas.

Je suis un élève modèle, ou presque. Hyperactif, certes, mais assidu aux cours. C'est que j'ai compris une chose : si je rends mes devoirs en avance, j'ai plus de temps disponible pour jouer. Bons résultats ? Grande liberté. Je suis capitaine de l'équipe de rugby, je joue au cricket, je fais du théâtre, et chaque matin, je me lève à cinq heures pour courir parce que j'aime ça.

À l'adolescence, je passe dans le cycle supérieur. L'enseignement se prodigue en deux langues, l'afrikaans et l'anglais. Les deux langues ont des sonorités proches. Ainsi, « mes amis » se dit « *my vriende* » en afrikaans, et « *my friends* » en anglais. Les anciens élèves (« *students* » en anglais, « *studente* » en afrikaans) me nomment vice-président : héritage de la culture anglaise, ce sont les élèves eux-mêmes qui se chargent de la discipline. Or, parmi ceux-ci, il y en a un, au front de taureau, qui fait régner la peur chez les nouveaux venus. Surnommé Bouli à cause de son physique trapu, il se croit tout permis. C'est classique : il y a toujours un abruti pour essayer de régner. Bouli, lui, se moque de la discipline, et s'arrange pour tyranniser les petits discrètement. Puis il prend cette habitude de venir me taxer mon déjeuner, préparé par ma mère. Quand j'arrive à lui échapper, il dégonfle les pneus de mon vélo. Je ne fais pas le poids devant ce baril, et je n'ai pas envie de me faire battre comme plâtre. Je demande conseil à mon père. Il refuse d'intervenir :

— Bienvenue dans le monde, fils ! Personne ne peut régler l'affaire à ta place.

C'est vrai. Mais quand même : Bouli a dix-neuf ans.

Je réfléchis à des stratagèmes. Je pourrais saupoudrer mes sandwiches d'un produit qui lui colle une diarrhée d'enfer. Mais il serait capable des se venger. Le tuer ? Ce n'est pas une solution. Il faut le ridiculiser. Exactement : le ri-di-cu-li-ser.

Mais comment ?

J'examine divers plans d'attaque. Finalement, j'en mets un au point.

Notre école possède une pièce d'eau avec des nénuphars blancs. Des carpes koï y évoluent paresseusement. Nous, les élèves, nous avons le droit de nous asseoir sur la margelle, mais pas de tremper nos mains dans l'eau : le directeur tient beaucoup à ses poissons, sa fierté. Chaque matin, les classes s'alignent devant le bassin, pour le lever des couleurs. Après, le directeur nous lit un passage de la Bible que personne n'écoute, et la prière est dite en commun, yeux fermés, dans le recueillement.

Ce vendredi-là, ma classe et celle de Bouli sont alignées à moins d'un mètre du bassin. Je choisis le moment de la prière. L'imbécile aura les yeux clos. Je vais prendre de l'élan, et le pousser dans l'eau. Dès que le directeur commence à réciter le Notre-Père, je m'élance. Ça va marcher... Sauf que j'ai mal calculé mon coup. Avec toute la rage accumulée, je démarre comme un boulet de canon. Et, lancé à toute force, je bascule dans l'eau avec ma victime. Bouli, au milieu des nénuphars, est sidéré. Je me redresse, trempé, et je lui gueule dessus, sans reprendre mon souffle :

— ARRÊTE DE ME PIQUER MES SANDWICHES ! ET DE DÉGONFLER MES PNEUS !

Dans les rangs, les élèves pouffent de rire.

Le directeur me convoque dans son bureau. Il n'est pas dupe, mais ne peut laisser passer pareil manquement à la discipline. Les carpes koï ont été effrayées, après tout, pauvres bêtes. Punition, donc. Élève Horn, vous allez recevoir cinq coups de bambou. Je me penche sur le chevalet, la badine cingle. Je suis si heureux que je sens à peine la zébrure. Je me redresse, je sors en empruntant la galerie qui traverse l'établissement. Et là, c'est la gloire.

Une ovation éclate !

Sur trois étages, toute l'école est aux fenêtres. On applaudit ma révolte. Je viens de venger toute une génération de maltraités.

Jamais, après, les sandwiches de ma mère n'ont eu meilleur goût.

Quant à Bouli, je ne sais pas ce qu'il est devenu. C'est peut-être un super gars, aujourd'hui.

À la maison, il y a un homme à tout faire : c'est mon ami, mon tuteur, mon guide. Michael est arrivé du Malawi il y a longtemps, et, depuis toujours, il habite chez nous, faisant la cuisine, bricolant, rangeant. C'est un grand Noir, chaleureux et empreint de sagesse. Il ne me quitte jamais des yeux, me punit quand je fais une bêtise, et m'enseigne une certaine discipline de vie. Il me canalise. Quand je casse quelque chose dans la maison, en m'agitant, il me propose de dépenser mon énergie en allant courir sur 6 kilomètres, avec lui. Michael comprend que je dois être occupé tout le temps : pas question, pour moi, de rester assis à ne rien faire.

Je fais partie de l'équipe de cricket de l'école. Un jour, alors que je dois me changer avant de me rendre au stade, je rentre à la maison et trouve la porte fermée. Michael n'est pas là. Bizarre. J'attends. Je casse une fenêtre, je cherche mon maillot de cricket, il n'est pas là. Je me précipite au sous-sol, où se trouve la machine à laver, et là, je vois Michael, allongé par terre. Je le retourne. Son corps est raide, froid. Crise cardiaque. Il avait soixante-huit ans.

C'est la première fois que je vois un mort. Je viens de perdre un ami. J'ai treize ans, je suis seul dans la maison. Je téléphone à mon père :

— Papa, que dois-je faire ?

— Rien, j'arrive.

Je ferme les yeux de Michael. J'ai le cœur gros.

À dix-sept ans, après m'avoir fait passer toute une batterie de tests physiques et psychologiques, l'armée me propose une formation. C'est la règle, alors, en Afrique du Sud. Elle est systématique. Dans les années 1980, le pays est en guerre avec l'Angola voisin. Le Mouvement populaire de libération, marxiste, soutenu par l'URSS et Cuba, s'est battu pendant quatorze ans contre le colonisateur portugais. Finalement, en 1974, le mouvement des forces armées a pris le pouvoir au Portugal, et la « révolution des œillets » a permis la fin de la guerre à Lisbonne. Mais les soviétiques, en sous-main, tentent de prendre le contrôle de la région, riche en ressources minières. L'Afrique du Sud, soutenue par les États-Unis, est entrée en conflit avec la toute jeune République populaire d'Angola. La menace rouge inquiète le gouvernement de Pretoria. Les Forces Spéciales, donc, recrutent.

J'accepte. Je rentre à la maison fier de pouvoir montrer à mon père que je suis capable de me discipliner, de défendre mon pays. J'ai l'impression de prendre en main – enfin ! – ma propre destinée.

Contrairement à ce que j'imaginais, mon père n'est pas ravi. Néanmoins, il prend la chose avec sérénité. Il devine sans doute que ce n'est qu'une étape pour moi. Et, chaque jour, on entend des nouvelles alarmantes : attentats, soldats tués, disparitions. Parfois, on reconnaît un nom. Cette guerre s'éternise. Je peux participer. Comme tant d'autres jeunes, j'ai l'impression que la carrière des armes a un certain panache. L'esprit d'aventure, évidemment, me pousse. Je suis naïf.

Je passe les épreuves de sélection des Forces Spéciales avec succès. C'est éreintant. Le but est simple : écraser la personnalité du soldat, le couler dans un moule. Je laisse faire, un peu en retrait. Physiquement, pas de problème. Rien ne me fait peur. Crapahuter sous les barbelés, franchir des rivières ou se battre à mains nues, pourquoi pas ? J'ai l'impression de devenir un homme. Et de défendre mon pays, ce pays où, aujourd'hui, je ne vis plus.

La formation est basique : monter, démonter une arme, s'orienter en terrain ennemi, viser l'adversaire. Gagner. Au bout de douze mois de formation, en 1984, je suis lieutenant. Je vais me battre. J'ai dix-huit ans. J'accepte le métier des armes : je sens qu'il va enrichir ma vie. Et qu'il va m'apprendre à survivre.

La première grande épreuve de ma vie m'attend.

Mais ce n'est pas celle que j'imaginais.

Trois mois plus tard, tout est fini. Mike Horn, quarante-trois ans, mon père, est mort. Cancer. Parti à jamais. Disparu. L'injustice et la brutalité de ce décès me révoltent. Si Dieu existe, pourquoi autorise-t-il de si flagrantes iniquités ? Je suis vidé de mes forces. L'avenir n'a plus de sens.

À la maison, le chagrin est palpable, lourd. Il nous manque une part vitale de nous-mêmes. Ma mère fait face, je ne sais pas comment. Comment vivre avec le malheur ? Aujourd'hui, je peux contraindre mon corps, forcer la machine, tenir un objectif, mais j'ignore encore, à quarante-neuf ans, que faire de cette douleur qui submerge tout.

À dix-huit ans, encore moins. Je suis égaré. Et en colère : pourquoi lui ? Ma mère reste seule, avec quatre enfants à charge. Mon père disparu, notre ancrage n'est plus là. Maman nous rassemble, resserre les liens rapidement. Elle me dit :

— Mike, il faut prendre la vie telle qu'elle est. Le passé n'est pas forcément mieux, affronte le futur.

Elle m'aide à surmonter l'épreuve, à accepter ce deuil. Mais je suis terriblement éprouvé.

Ma mère perçoit ma détresse. Elle m'encourage à repartir avec les Forces Spéciales, pour continuer ce challenge. Elle donne son accord – indispensable, puisque la majorité est fixée à vingt et un ans – et cette femme, jeune veuve laissée avec ses autres enfants, trouve assez de force pour me dire :

— Je te fais confiance. Va et reviens en vie.

Assez de force, oui, et d'amour.

Je pars en Namibie. Cette ancienne colonie allemande est passée sous mandat de l'Afrique du Sud en 1920. Depuis 1967, une organisation marxiste, la SWAPO, se bat contre la présence de troupes étrangères – les nôtres. En 1973, le Premier ministre sud-africain, John Vorster, a fait de la Namibie un laboratoire politique : toute la région, pense-t-il, y gagnera, notamment la Rhodésie. La population noire, enfin, va accéder au droit de vote. En attendant l'indépendance, qui sera promulguée en 1990, les attaques se succèdent, le sang coule. Il y a une guérilla constante, notamment dans la bande de Caprivi, au nord-est. La Zambie, l'Angola, Le Botswana sont impliqués. Mouvements séparatistes, clans idéologiques, luttes de pouvoir, tout se mêle pour enflammer la guerre civile. De plus, souvent, l'adversaire n'est pas noir. Il est blanc. Car les Soviétiques et les Cubains sont là, sur place. Ils s'intéressent à cette région du monde pour l'uranium. Le gouvernement d'Afrique du Sud est soutenu par les USA. La guerre froide, ici, est chaude. Nous, les soldats, nous protégeons la frontière.

Mais ce n'est pas un conflit classique, c'est une guerre de brousse. Les combats ne s'effectuent pas à coups de missile ou d'artillerie, mais par des actions brèves et ciblées. Raids, coups de main, traques, il faut frapper les terroristes, puis disparaître. *Fight or flight*, combattre ou fuir, c'est la devise. Des pisteurs nous apprennent à rester vivants dans le désert, à prendre des décisions instantanées, à supprimer toute hésitation. La vie des hommes est en jeu. Il faut savoir lire des traces, déterminer le poids et le chargement éventuel de la proie, choisir la voie d'accès, la porte ou la fenêtre. Quel âge a le fuyard ? Est-il blessé ? Est-il reposé ? L'écartement de son pas se lit comme un livre.

La première fois que je vois un camarade d'armes mourir, ma seule pensée est égoïste :

« Heureusement que ce n'est pas moi. »

Johannes a sauté sur une mine. Un shrapnel – un éclat d'obus – lui a traversé le cœur.

Un vieux Bushman me prend en main et m'enseigne les lois de l'orientation. L'homme de la brousse saisit une poignée de poussière ocre, la frotte entre ses doigts, le regard fixé au loin. Que regarde-t-il ? Rien. Il a le nez au vent. Il m'explique que la brise venue de la mer laisse passer le sable lourd, qui retombe vers le sol. La poussière, elle, plus légère, s'envole.

— Partout où tu vas, les grains de sable te donnent la distance de la mer et ta position dans le désert.

Il roule encore la terre ocre dans sa paume.

Plus tard, dans le Gasherbrum, je n'oublierai pas ces leçons. Le vent me donnera toujours ma direction, même sans sable.

Le vieil homme m'apprend aussi à observer le relief, à me déplacer dans des zones minées en repérant les variations infimes du sol. Il écoute le ciel, je fais de même. Il prévoit les orages. Il trouve de l'eau sous la pierre. Avec lui, mon œil s'aiguise, ma vision change. Mais ce n'est pas suffisant. Il y a une autre arme : l'imagination. Elle permet de voir ce qui est derrière le tableau avec les arbres verts. Ce qui est derrière le mur. Elle permet d'échafauder des plans. Il faut se projeter dans le concret : où sont partis les groupes armés ? Quand vont-ils s'arrêter ? À quel endroit ? Quand les traces n'existent plus, il faut suivre son intuition. Voir les choses invisibles à l'œil nu.

Dépasser les apparences.

Pour rester en vie.

Je suis un tout jeune lieutenant à la tête d'un peloton, soit une trentaine d'hommes. Je suis secondé par un adjoint, sergent-chef, et par trois chefs de groupe. Précision : je suis le seul Blanc. Dans le lot, il y a d'anciens terroristes qui ont été retournés et qui se battent contre leurs anciens camarades. Les loyautés, ici, sont changeantes, les lignes de front fuyantes, les couleurs mélangées. Les compagnons d'armes d'aujourd'hui peuvent devenir des ennemis demain. Rien n'est fixé. Nous sommes dans un paysage mouvant. Nous devons nous rendre invisibles, et faire des prisonniers. Nous en faisons, et ils nous livrent des informations. Il nous arrive de les convaincre, et certains d'entre nos anciens ennemis deviennent des alliés.

La zone de danger est moins précise que la zone de mort de l'Himalaya. Là-bas, on sait qu'au-delà de 7 500 mètres, c'est le danger total. Ici, en Namibie, il y a les Bantous, les Portugais, les Allemands, les Britanniques, les Bushmen, les Ovambos, les Namaquas... Les querelles sont fréquentes, les alliances se défont, les intérêts divergent. Il y a, cependant, une constante.

La mort.

Elle peut frapper n'importe qui. Le camarade à côté peut exploser, une balle peut toucher le sergent-chef, un cadavre peut être couché sur notre chemin. La mort colore tous les actes. Elle est avec moi quand je progresse dans le veld – la savane. Elle est avec moi quand j'interroge un prisonnier. Elle est avec moi quand je rampe dans le bush. Elle me réduit à ma fonction animale, à mes décisions intuitives. L'ennemi, en face, dans la nuit, n'hésitera pas à me tirer dessus s'il me repère. Je n'ai donc pas d'états d'âme, je suis juste une machine à survivre. Chaque seconde est intense : la présence de la mort renforce le goût de la vie.

La disparition de mon père m'a anesthésié, la guerre de brousse me redonne vie. Curieuse inversion des choses : le chagrin est un bagage encombrant dans une lutte. Personne n'a le temps de s'apitoyer sur soi-même. Quand nous partons en mission, nous savons que certains d'entre nous ne rentreront peut-être pas, qu'une rafale va les faucher, qu'une grenade va les éventrer.

Mon job, comme leader, c'est de ramener mes hommes sains et saufs. Je n'ai pas de haine contre l'ennemi, je suis là pour l'empêcher de tuer, de poser des bombes, de nous viser. J'apprends, chemin faisant, à distinguer la frontière qui sépare le risque de l'infaisable. Je chasse la panique, je me fonds dans le paysage, j'écoute. Un groupe approche dans l'obscurité, j'entends le bruit métallique des armes. Si l'un d'entre eux lève sa lampe, je suis mort. Cerné par les combattants de la SWAPO, je me sens en accord avec moi-même, à l'aise dans cette nuit. J'ai conscience des enjeux. Les hommes passent.

J'attends, puis j'enlève mes chaussures. En chaussettes, je m'éloigne. Je suis léger. Je m'évapore dans la nuit. Intentionnellement, je laisse des traces. De la même façon que j'ai appris à les lire, ces hommes-là savent aussi déchiffrer mes empreintes. Sauf que je les ai laissées pour égarer mes poursuivants. Je les entends qui tournent en rond, s'énervent. Je pourrais les tuer un à un, mais ce n'est pas ma mission. Ma mission, c'est le renseignement. Et là, je suis renseigné.

Après avoir fait un grand cercle, je me tapis à l'écart. J'ai deux heures devant moi. Ils reviendront à leur point de départ, j'ai le temps de piquer un somme. À leur retour, je trace un autre cercle et je dors encore deux heures. Le jour ne va pas tarder à se lever. Ils ont marché toute la nuit, ils sont fatigués. Le chef, à l'écart, est ma cible. Je le repère, je l'assomme, je le ligote. Quand il reprend conscience, je l'avertis :

— Arrête de me suivre. Arrête de me faire chier.

C'est la guerre des nerfs.

Le commandement est content de moi. On m'envoie sur des missions de plus en plus périlleuses. Mais je n'oublie pas ma promesse : rentrer vivant. Du coup, je m'entraîne deux fois plus, je mange moins pour rester léger, j'affronte les obstacles avec détermination. C'est ma règle de vie, désormais : partir pour revenir.

Après une année passée en Angola, l'armée me propose de rempiler, avec une spécialité, le renseignement. OK. J'ai vingt ans, l'accord de ma mère est toujours nécessaire. Elle le donne. On me confie une mission d'infiltration avec une équipe réduite. Las ! Une fuite compromet tout, je suis exfiltré en urgence. Pour me mettre à l'abri, je disparais. L'armée m'efface de ses rangs, et on m'envoie à l'université, pour reprendre des études. Je me retrouve au milieu de jeunes gens, légèrement décalé. J'ai vu la mort, eux, ils sont encore à cet âge où la vie est un champ de neige immaculé. Je reste quatre ans sur les bancs de la fac. J'obtiens un diplôme en psychologie du sport.

J'ai fait les choses à l'envers.

J'ai fait la guerre avec efficacité, avec professionnalisme. J'ai vu le sang. Et pourtant, je hais la violence.

6

Le Gasherbrum 2

Quarante-huit heures maintenant que nous sommes rentrés de notre première ascension. Peu à peu, nous récupérons. Avec, devant nous, ce nouveau défi : le Gasherbrum 2, treizième sommet le plus haut du monde.

Frère jumeau du G1, il culmine à 8 035 mètres, soit 33 mètres de moins. À première vue, les pentes sont moins raides. Thomas George Montgomery, le topographe qui a fait le relevé géographique en 1856, a baptisé ce pic « K4 », soit Karakorum 4. Le premier alpiniste à s'y être frotté fut le duc des Abruzzes, en 1909. Son compagnon Vittorio Stella, sans doute le plus grand photographe de montagne du XXe siècle, a pratiqué l'alpinisme jusqu'à soixante-seize ans, âge auquel il gravit le Cervin.

En cette fin juillet, malgré le temps clément, le camp de base se vide. Les expéditions s'achèvent. D'abord, parce que la saison est avancée, déjà. Ensuite, parce que la mort a encore frappé.

Une avalanche a emporté une cordée d'alpinistes

allemands alors que nous étions sur les pentes du Gasherbrum 1. Les sherpas ont pu ramener un unique rescapé. L'homme a été couché dans sa tente, conscient, indemne. Au petit matin, il était mort. Le choc d'être le seul survivant l'a tué.

C'est avec la mine sombre des jours de deuil que les alpinistes s'en vont. Je regarde le massif du Karakorum, si beau, si impitoyable. La tragédie est omniprésente. Elle hante les esprits en permanence. Les himalayistes en parlent comme d'une donnée de base. Ils analysent les raisons – mauvais choix technique ou stratégique – mais, au fond, aucune prévision ne fonctionne. La logique de la montagne n'est pas celle des hommes. Elle est implacable.

La pureté de l'air porte une menace totale : la vie, ici, ne tient qu'à un souffle.

Markus est rentré en Europe. David, lui, continue à filmer nos préparatifs. La météo est hachée : alternance de temps nuageux et de soleil. Il nous faut attendre la bonne fenêtre. Elle arrive vite.

Avec Jean, Fred et Olivier, nous décidons d'attaquer en fin de nuit par la grande face où les Allemands ont été emportés. L'avalanche est passée, il y a des chances pour que la montagne soit purgée à cet endroit-là. D'en bas, on voit encore la cassure du pan de neige : tout a été balayé sur des centaines de mètres. Cette portion est désormais stable. Mais la suite est plus compliquée : les séracs, plus haut, sont très dangereux. Car on peut toujours évaluer l'adhérence de la neige – encore que ce soit très aléatoire – ou tenter de déceler une plaque à vent. En revanche, personne ne peut prévoir quand une corniche va céder, ou quand un sérac va dévaler.

Or, juste au-dessus du camp 3, il y a une zone de glaces suspendues.

Jusqu'au camp avancé, la voie est la même que sur le Gasherbrum 1. Nous retraversons le glacier tortueux, nous suivons une arête effilée qui nous mène à 6 500 mètres. Ensuite, ce sera pentes raides, éperon rocheux, traversée au pied du lieu-dit la Pyramide, dernier col, arête finale et sommet. Nous arrivons au camp de base avancé. Deux gars décontractés nous y accueillent en fumant une Marlboro. C'est Mario et Mario, les Italiens. Pris par le mauvais temps, ils ont raté le sommet et sont redescendus. Ils n'ont pas l'air frustrés. Ils ne forcent pas le destin. Le Gasherbrum ne veut pas d'eux, c'est tout sauf un problème, ils s'en vont. « Il y aura d'autres occasions, d'autres sommets », expliquent-ils. Plus tard, Mario Panzeri réussira l'ascension du Dhaulagari, devenant le 26e homme à avoir gravi les quatorze sommets de plus de 8 000 mètres. Son compagnon, Mario Merelli, gravira en 2008 le Lhotse, puis le Cho Oyu, et trouvera la mort en 2012 sur une montagne de petite altitude, le Pizzo Redorta, 3 038 mètres, en faisant une chute de 300 mètres.

Dans l'Annapurna, des alpinistes ont dressé une petite stèle pour Mario Merelli. Quelques fleurs, aujourd'hui, ornent sa photo.

À minuit pile, dans la nuit noire, nous attaquons enfin le G2 depuis le camp de base avancé. Bien acclimatés. Avec suffisamment de globules rouges. Fred et Olivier sont toujours devant, mais bientôt nos chemins se séparent. Chacun fait sa propre trace. Par intermittence, j'aperçois les lumières de mes compagnons, mais à d'autres moments, je suis seul. Cela ne m'angoisse pas : je commence à me débrouiller, et, paradoxalement, le fait de grimper en solitaire exige moins d'énergie. Ma frontale éclaire les replis de la roche. Je m'efforce de bien les déchiffrer.

*
* *

Quand on grimpe dans une nuit aussi noire, la lampe n'éclaire que l'essentiel devant nous, le reste n'a plus d'importance. On sait qu'il y a du danger autour – des séracs, des rochers… – mais on ne le voit pas. En levant la tête, on projette la lampe qui donne notre chemin. Tout ce qui est derrière ou autour est éteint, n'existe plus. La lumière rebondit sur la glace, croise les faisceaux de nos camarades et dessine des formes fantomatiques. Dans cette irréalité, l'imagination se déploie. On ne voit pas l'inclinaison de la pente, on ne voit pas ce qui nous reste à gravir. On est dans l'instant présent, ultra-concentré autour de ce halo étroit de lumière. Notre seul espoir est cette lumière. Partout où c'est noir, c'est un champ de mines. J'adore grimper la nuit, la réalité n'existe plus, il n'y a presque plus d'options. Et moins on a d'options, plus on décide vite.

Je suis presque déçu que le soleil se lève.

*
* *

Le jour éclaire progressivement la montagne. Je suis sur l'arête. Le ciel devient bleu roi. Peu à peu, la fatigue me saisit. Dans certains passages enneigés, l'énergie déployée est énorme. Passer un mètre prend un temps fou. Je me demande parfois ce que je suis venu faire dans cette galère. Je piétine, je glisse en arrière, tout est à recommencer. C'est interminable. Je fais du surplace. Exaspérant. Mais je me calme car l'expérience me l'a appris : l'énervement est synonyme de perte d'énergie. Je me contente de lutter.

J'arrive au camp 2, à 6 400 mètres. Jean est là. Il me met dans sa trace. Fred et Olivier, souriants, attendent. Les tentes des Allemands sont là, intactes. L'équipement est flambant neuf, déjà un peu enfoui par la neige. Tout cela sera bientôt emporté par le vent. Alors autant en profiter. Fred et Olivier choisissent leur tente, nous, la nôtre. À l'intérieur, nous découvrons un matériel dernier cri.

Sur l'Everest, les pentes sont polluées. Tentes, caisses, bouteilles, toilettes, tout reste sur place. Les hommes souillent les endroits les plus reculés de la planète. Il y a des vortex de plastique, grands comme des continents, qui dérivent dans les océans. Il y a des fosses marines contaminées par l'atome. Il y a des pays entiers dont la terre est imbibée de déchets humains. Des milliers de tonnes de fèces sont jetées dans les fleuves. Les pampas sont constellées de voitures rouillées, les déserts servent de dépotoirs sauvages... Malgré cela, les montagnes restent le symbole de la pureté absolue.

Nous buvons un peu de chocolat chaud. Nous allons nous reposer quelques heures, dormir, et repartir en fin d'après-midi. Ciel dégagé, peu de vent, bonnes conditions. Je prends la tête du groupe. J'essaie de conserver une cadence régulière. Le manque d'oxygène, cependant, se fait sentir.

— Mike !

Fred m'appelle. De la main, il me désigne quelque chose. Dans la neige, je vois des crampons. Ce ne sont pas ceux d'un Allemand car l'avalanche s'est produite plus bas. Une expédition serait-elle passée avant nous ? Peut-être. Mais dans ce cas, les cordes auraient été abandonnées, pas les crampons. Nous dégageons cet objet abandonné qui pourrait nous servir.

Mais, peu à peu, une autre vérité se fait jour : le crampon est sur un pied. Un homme gît là-dessous. Deux jambes raidies par le gel apparaissent. Depuis combien de temps ce malheureux est-il là ? Vu son aspect, Fred s'écrie :

— Putain, il est là depuis longtemps, lui !

Nous repartons, laissant le mort à son tombeau de glace. Combien d'hommes sont morts ici ? Nul ne le sait. Le crépuscule approche, il nous reste trois heures d'ascension pour atteindre le dernier camp d'altitude, juste sous la Pyramide. La nuit nous prend d'un coup. Le froid aussi. Nous progressons à la lueur des frontales. Un sérac, un éperon, puis un bivouac ancien : les tentes n'ont pas résisté et ont été lacérées par le vent. Sous la lueur des torches, le spectacle est sinistre. Arceaux plantés dans la neige, toiles qui battent dans le vide, refuge fantôme... Un blizzard coupant se lève.

Les prochaines longueurs sont exténuantes. Deux cents mètres en deux heures. Nous arrivons sur l'arête finale. Visibilité restreinte, prudence maximum : les plaques à vent sont nombreuses. Le vent s'enroule autour des crêtes, charrie des flocons qui sont plaqués sur la pente. Sous cette couche, en général, il y a un coussin d'air. Le moindre geste suffit à faire craquer la surface, et tout un pan de montagne cède alors.

Fred a pris la tête et cherche une ligne en hauteur pour contourner le danger. Il redescend. Nous restons à la limite entre la roche et la neige. Là, pas de plaque mais des rochers qui surplombent, des crevasses. L'idée de recevoir sur la tête un rocher ou un bloc de glace est peu rassurante. Nous avançons. Après une centaine de mètres, Fred s'arrête à nouveau. Devant lui, un camp de neige profonde. Sa lampe ne porte pas assez loin pour anticiper les risques. La mienne, en revanche, conçue pour la nuit polaire, a un faisceau plus large. Nous observons la partie éclairée : en quittant la ligne de séracs, nous traverserons au-dessus de la zone dangereuse. Ce parcours nous mènera juste sous l'arête finale. Il nous faudra alors affronter le vent et le manque d'oxygène. Avec prudence. Chacun attendra que son prédécesseur soit bien passé.

Fred attaque. Il fait vingt pas quand la montagne s'ébranle avec un chuintement. Où s'abriter ? La frontale de Fred tournoie, puis oscille. Visiblement, il court. Comment fait-il, à cette altitude ? Il parvient jusqu'à nous, et s'écroule en haletant. Sur la pente, rien n'a changé. Pas d'avalanche, rien. La plaque à vent n'a pas cédé, elle s'est simplement tassée. L'air emprisonné s'est échappé, provoquant ce chuintement effrayant. La pente, en fait, vient de se stabiliser.

— J'ai eu chaud, dit Fred.

Vu la température, c'est une façon de parler.

Nous sommes un peu secoués. La montagne vient de nous donner un sérieux avertissement. Aurons-nous une seconde chance ? Le danger est moindre, puisque la plaque est stabilisée. Mais le moral est atteint. Même en passant un à un, rien ne garantit que nous ne serons pas emportés. À cette hauteur, tout est démultiplié.

*

* *

Nous ne sommes pas attachés, nous pouvons bouger librement mais, sur cette section raide de la montagne, les erreurs ne pardonnent pas. Si on tombe, on peut entraîner un copain dans notre chute et ce risque-là, on n'en veut pas. On ne veut pas qu'un ami meurt à cause de nous. On est libres mais on a une pression terrible sur nos épaules.

*

* *

C'est un coup de poker. Nous hésitons. Finalement, Fred intervient :

— On y va, on se lance.

Il pose le pied sur la neige. Ça tient. Il traverse sans incident. Nous suivons. Nous passons.

Encore une heure d'effort. Je parviens au rocher dressé sur un éperon gelé et je retrouve les autres, qui ont entrepris de creuser une banquette.

— On se pose ici ?

— On a le temps de piquer un petit roupillon, comme ça on attaque en pleine forme à l'aube.

L'idée est bonne mais l'endroit pas vraiment idéal pour une sieste : l'ivresse des sommets nous guette et nous risquons d'être surgelés. De plus, l'adrénaline et l'altitude m'empêchent de dormir. Eux se serrent les uns contre les autres et s'endorment. Bienheureux les dormeurs, le royaume de la montagne est à eux !

Pour passer le temps, j'observe la pente. Je calcule notre trajectoire. Je fais des photos des dormeurs. Je bouge pour oublier le froid mordant. J'attends. L'impatience m'électrise. Finalement, je m'assieds aussi, et je plonge dans une torpeur bizarre.

*
* *

J'entends le chant de la montagne. Toutes les montagnes ont leur propre chant, leur propre voix, à travers les vents. Et quand les vents tombent, la montagne devient silencieuse, tellement silencieuse qu'on croit entendre ce silence. C'est là, en ne percevant plus que les battements de son cœur, que l'on prend conscience de son engagement.

Et que l'on se sent pleinement vivant.

*
* *

Puis le signal est donné : les piolets cognent, les crampons crissent, les hommes attaquent. Fred et Olivier partent à grande vitesse. Jean, tranquille, assure. Je reste dans son ombre. Le jour se lève, dévoilant l'arête effilée qui mène au sommet. Si nous avançons à bonne cadence, nous serons au sommet à dix heures.

Partout où mon regard se porte, de la neige et des pics gigantesques. Je grimpe en dernier. Je suis le moins technique et je ne veux tomber sur personne. Je ne vois plus les traces de mes copains. Elles ont été recouvertes par la neige. Je pense à ces traces qui disparaissent si vite. Je me dis qu'elles sont comme la vie. Fragiles. Passagères. Cette vie où, en un rien de temps, on passe de la plus grande joie au plus grand désastre...

En très haute montagne, je l'apprends, le temps est vécu avec une amplitude qui n'a rien à voir avec notre perception habituelle. En bas, dans les villes, on dit qu'on n'a jamais de temps. Tout cela parce qu'on ne veut pas le prendre. Au-delà de 7 500 mètres, le temps, c'est ta vie. Ton cerveau ralentit, le temps avec, et tu vois ta vie qui passe, seconde après seconde. Le temps, tu le prends à pleines mains, tu le savoures comme ton bien le plus précieux. Il ne se disperse pas, se concentre, s'homogénéise, t'enveloppant dans un espace de sérénité.

Contrairement au dicton, le temps n'est pas de l'argent, c'est la vie même. Dans la vie quotidienne on se laisse épuiser par le nombre de choses qu'on croit devoir faire... ou qu'on pourrait faire. Quand on prend son temps, quand on limite le nombre d'options au maximum, on goûte pleinement à l'existence.

Encore 300 mètres. La voie présente un creux avant de s'élever à la verticale. Je sors mon appareil photo, je shoote deux points de couleur, là-haut : Fred et Olivier. Le vent me cisaille, le bruit est impressionnant, le silence n'existe plus. L'air glacé me fouette et s'insinue partout, nez, bouche, oreilles. C'est violent.

Des rafales soulèvent une poudre de cristaux en nappes tournoyantes. Des lanières de glace, furieuses, giclent depuis la crête. Le bleu du ciel est si dur qu'on se couperait dessus. Des lames de glace me cisaillent le larynx quand j'ouvre la bouche. Ma respiration est douloureuse. Chaque pas devient pénible mais on le réalise avec le seul plaisir de se surpasser. On apprend à aimer des choses que l'on trouve difficiles.

Il faut rester en équilibre sur les crampons, avec les mollets qui brûlent, les chaussures qui pèsent une tonne, le corps qui se traîne comme un poids mort. Le seul moteur, c'est la volonté. Une volonté tenace, granitique, absolue.

Encore un pas. Encore un palier. Un vent de verre pilé m'agresse. Un autre pas. Je soulève le pied. Je pose la main. Je suis vivant. Les empreintes de Jean s'effacent. Je voudrais en finir. Que c'est dur. Plus d'oxygène, plus d'air, juste le cœur qui est au bord de l'explosion.

Je suis à 40 mètres du sommet. Je croise Olivier : il redescend. Il a l'air soucieux :

— Tu devrais rentrer, le temps...

Le vent emporte les mots.

— QUOI ?

— LE TEMPS TOURNE !

Puis il disparaît. Il est midi. Il me reste sans doute une heure à grimper. Impossible de renoncer si près du but. Je suis fatigué mais j'ai encore de la réserve. Brièvement, les images de morts, dans la neige, me reviennent. J'essaie de calculer : dans trois heures, je serai revenu ici. Cathy a bien annoncé une fenêtre météo courte. Mais si je reviens dans la zone 7 500 avant la nuit, je m'en sortirai. Je continue.

Plus haut, Fred vient d'atteindre le sommet. Jean est juste derrière lui. Les derniers mètres sont interminables. Je bouge au ralenti, les membres englués. Je ne vois plus rien. Mon nez est couvert de glace. Je vois le sommet, à portée de main. Chaque geste provoque un essoufflement de marathonien. J'entends la voix de Jean :

— Allez, Mike, encore un mètre ! Vas-y !

J'essaie d'accélérer, mais c'est impossible. Je suffoque, je brûle, je gèle, je m'émiette.

Et soudain, j'y suis. J'entends les autres crier bravo, je réalise qu'ils m'ont attendu. On a réussi. Je ne sens plus mon épuisement, je suis envahi d'une quiétude parfaite. Je m'assieds. La vue est prodigieuse. Des nuages roulent vers nous. Je brandis une fausse bouteille de champagne en plastique, heureux comme un gosse. Jean nous montre du doigt Concordia et la route. Trois mille mètres d'à-pic. De l'autre côté, voici le Broad Peak, notre prochaine étape. L'euphorie nous gagne. Et cette fois-ci, Jean ne voit pas de « parkines » chinois.

En dix minutes, pourtant, les nuages d'altitude – des cirrus qui annoncent un réchauffement – s'amoncellent. Il faut descendre sans perdre un instant. La pause attendra. Déjà, le rocher où nous avons fait halte est en train de se dissoudre, avalé par des volutes de neige. Nous nous lançons sur l'arête, très abrupte, et, dès que la pente s'adoucit, Fred et Jean, assis dans la neige, s'apprêtent à partir en glissade. C'est simple, à première vue. Le piolet sert de gouvernail et de frein. Encore faut-il maîtriser l'engin. Je n'ai guère le temps de faire des essais. La masse de brume a déjà avalé l'éperon où nous étions il y a quelques minutes. J'imite les autres. Le piolet contre la poitrine, la pointe fichée dans la neige, je me laisse aller tout droit. Ça va vite. De plus en plus vite. Impossible de ralentir. J'ai beau peser de tout mon poids, rien ne se passe. Je rebondis sur les bosses comme une balle de ping-pong. Je me bats. Je m'agrippe. Je force. Je m'arrête *in extremis*. Les autres sont en train de désescalader une autre arête. Les nuages forment à présent une barrière compacte qui dévale sur nous. C'est une avalanche douce, mais mortelle. Très vite, je suis noyé dans cette purée. Je distingue encore la combinaison jaune de Jean. Fred a disparu. Je suis crispé. Je n'ai plus froid. Tout devient gris, presque obscur. Je crie :

— Jean !

J'entends sa voix. Mais le brouillard rend les distances difficiles à évaluer. Je plonge dans cette soupe humide, presque palpable. Au jugé, j'avance jusqu'à rejoindre Jean. Nous n'avons plus de repères, plus de points d'orientation, tout est opaque. Où est le haut, où est le bas ? Nous ne voyons rien. Nous sommes dans un lieu qui échappe à la gravité. La pente, où est la pente ?

Fred, à quelques pas devant nous, prend son bâton de ski. Il le lance pour connaître la direction de la pente.

— Ça nous évitera de plonger direct en bas ! dit-il avec son éternel sourire.

Le vent gomme nos paroles. Nous repartons. Tout est blanc, la limite entre la neige et l'air a disparu. Mètre après mètre, Fred ouvre la route. Il lance le bâton, le reprend, le relance, le reprend, le relance… et le bâton disparaît, dans un abîme invisible. C'est lent. Mais il n'y pas d'autre solution. Si nous nous arrêtons, nous sommes morts. Si nous nous enfouissons dans la neige en attendant une accalmie, nous sommes morts. Si nous continuons ainsi, nous risquons de nous égarer et nous sommes morts. Nous n'avons plus de visibilité, plus d'orientation. Il n'y a que le bruit de tôle du vent.

Ce vent qui souffle depuis l'aube, dans la même direction, me sauve. Grâce à lui, je vais retrouver la pente. Je sais d'où il vient, le blizzard, je sais où il tape dans la pente. Ce matin, quand j'ai regardé le sommet, ma joue droite a été giflée par une brassée d'aiguilles de glace. Il suffit que je tourne mon visage en fonction de ce vent glacial pour connaître ma direction. Je ferme les yeux. Je me concentre sur mes sensations. Je rattrape Fred. Je désigne un point sur la droite.

— Par là.
— Tu crois ?
— Sûr.

Il me laisse prendre la tête. Je me fie à mon instinct. Depuis mon enfance, j'ai le sens de l'espace, du terrain. D'un coup, je fais corps avec les éléments. Je suis le vent, le froid...

Nous partons en ligne droite, vite. Nous parcourons 500 mètres de dénivelé. Nous sommes à la limite des 7 500, d'après moi. La Pyramide doit être là. La couche de nuage s'éclaircit, puis se déchire. Nous émergeons du monde obscur. La vue nous est enfin rendue : falaises, couloir gelé, séracs, nous sommes parvenus au point exact que je visais. Il faut retraverser le versant en diagonale. Le temps se dégrade, un mélange de grésil et de neige nous fouette. Mais le pire est passé. Nous quittons la zone de mort.

Fred a rejoint Olivier. Tous deux, ils prennent de l'avance. Jean, pour nous deux, choisit une voie nouvelle, bien plus bas. Je suis rompu. Je fais abstraction. Il faut continuer. Je me concentre. La silhouette de Jean, devant moi, me rassure. Il marche avec régularité. Nous dépassons le camp fantôme, en haut du camp 3, au pied de la pyramide. Il a encore diminué. Bientôt, il n'en restera rien.

Minuit.

Nous parvenons au camp 3, à 7 200 mètres. Une tente a résisté. Jean s'arrête :

— On va dormir ici.

— Mais, Jean, tu as toi-même dit que c'est dangereux.

— Ça l'est.

— La tempête arrive, et on risque de se taper une avalanche.

— Oui. Mais, Mike, on est crevés. On vient d'enquiller deux 8 000. Il y a autant de risques à tirer tout droit que de récupérer trois ou quatre heures. Il faut reprendre des forces.

Il a raison. Nous entrons dans la tente. Je suis groggy. J'enlève mes crampons. Jean sort le chocolat en poudre, je prends le réchaud. J'ai soif. Le chocolat me remonte. Jean se couche et se met à ronfler. C'est miraculeux : nous sommes à une altitude folle, la tempête fait rage, l'enfer nous attend dehors, et il ronfle… Dans l'œil du cyclone, Jean serait capable de roupiller !

Je tente de faire comme lui. Peine perdue. Je pense au couloir où les Allemands ont dévissé. Avec le vent, il doit se charger de neige fraîche. Zone rouge, donc. Pour autant, je ne vais pas me laisser démoraliser. Après tout, on a fait deux 8 000 en dix jours. Je sombre, confusément, dans un demi-sommeil.

Le matin me réveille. Une lueur laiteuse, étrange. Je prépare un thé, je secoue Jean. J'ai un drôle de pressentiment. Je pousse sur la paroi de toile, et je constate que nous sommes ensevelis. Il faut creuser pour sortir. La lumière nous blesse les yeux. Par chance, le ciel est dégagé. Le froid est coupant. Au mieux, on pourra tenir un jour. Après, on n'aura plus la force. Il faut perdre de l'altitude. Si on reste, on crève.

La montagne, de nouveau, nous menace.

Le froid nous aide. Il fige la neige. Nous passons les séracs, l'éperon. Les couches de neige se sont agglomérées. Dès que le relief s'y prête, nous nous asseyons et partons en glissade. Ou en courant. La zone d'avalanche est franchie. Au camp 1, les tentes des Allemands ont presque disparu sous la neige. Les traces de Fred et d'Olivier nous indiquent où ils se sont arrêtés. Je jette un œil dans la première tente, personne. Ils sont repartis. Je regarde le matelas, tout neuf. Je jauge la tente, toute neuve. Je décide de tout embarquer. J'aurai 4 kilos de plus sur le dos, mais, au moins, la montagne sera plus propre. Et maintenant, le danger est presque nul. Il nous reste 1 kilomètre de dénivelé.

David filme notre arrivée au camp de base avancé. Inquiet de ne pas nous voir, il a envoyé un message alarmiste à Cathy. Il a cru que nous étions piégés là-haut, à l'aube. Il est content de nous voir.

Nous sommes partis depuis quarante heures. Il nous serre dans ses bras, mais pas le temps de traîner : il nous faut retrouver au plus vite le camp de base. Nous empaquetons nos affaires, nos tentes, et nous partons. Nous devons repasser par le glacier. Nous nous encordons.

Heureusement.

Car, à mi-chemin, nous traversons un pont de neige. Jean passe sans encombre. David suit, et, patatras ! le pont s'effondre. David bascule dans le vide, aussitôt stoppé par les cordes. Je tire fermement d'un côté, Jean de l'autre. David se retrouve suspendu, les jambes pendantes, les yeux exorbités. Paniqué, il gueule :

— Sortez-moi de là ! Sortez-moi de là !

Nous le traitons de cochon pendu. Et on le laisse mariner, le temps de faire quelques photos.

— Arrête de gigoter, David. Prends la pose !

Nous le sortons de là. Il n'a pas une égratignure.

7

Départ

En 1989, j'entre de plain-pied dans ma vie d'homme. L'un de mes oncles a monté une société d'import-export en fruits et légumes. Il me propose un poste qui me permettra, parallèlement, de poursuivre mes études en économie. J'ai besoin d'argent, aussi. Après les Forces Spéciales et l'université, je m'initie à cette activité. L'Afrique du Sud exporte du maïs, du sucre, de l'arachide, du tabac, des poires, des pêches, des bananes, des avocats, des mangues, du raisin, des potirons, des ananas. Depuis 1931, la Sentraal-Suid Koöperasie centralise toute cette production, et ce commerce marche bien. Ce n'est pas une mince affaire. Il va falloir faire ses preuves.

Tous les matins, des camions arrivent, chargés de choux, de tomates, de citrons, en quantités énormes. Il faut écouler cette marchandise dans la journée, sans quoi elle se détériore. Une erreur d'appréciation peut coûter cher. En quelques mois, je réussis mon pari : capter une grande part de marché du chou, aliment de base de la population noire. À dix centimes de rand, les paysans producteurs ne peuvent pas s'en sortir.

Je décide donc de monter artificiellement les prix, en conservant le stock en chambre froide. Je raréfie la marchandise. Au premier coup de froid, la crainte de la pénurie s'installe. Du coup, la demande repart en flèche, les prix aussi, tout le monde est satisfait.

Je ne savais pas que j'avais la bosse du commerce.

Je suis un bon trader de légumes. Mon avenir s'ouvre, aussi large et prometteur qu'une autoroute. En un an, je suis devenu un jeune loup de la bourgeoisie sud-africaine, l'un de ces rouages qui font la prospérité du pays. L'argent rentre. J'ai une belle voiture, une moto, une maison. Je vais dans les bons restaurants, je m'habille avec soin. Je fais partie de la classe dynamique. Les amis m'entourent, le week-end nous organisons des barbecues sympathiques, nous allons à la plage, nous faisons des fêtes. C'est une existence très agréable. Ma zone de confort est tapissée de soie. On ne peut rêver mieux.

Sauf que.

Sauf que je m'ennuie. Cette vie, pour moi, est trop prévisible. Négocier des pastèques à graines rouges, acheter des oranges maltaises blondes, discuter le prix de la tomate Sanzana calibre 3, fort bien. Mais, il y a quatre ans, j'avais des ennemis dans le viseur. Passer du terrain de combat à celui des docks de fruits et légumes est un peu fade. J'ai l'impression de m'endormir. Je ne veux pas finir dans un fauteuil de club pour anciens traders, avec un cigare à la bouche, le journal de la Bourse à la main et le ventre posé sur les genoux. Je me sens asphyxié.

Gagner de l'argent ? Insignifiant. Posséder des biens matériels ? *So what ?* Obtenir le respect de ses amis ? Pourquoi faire ? La dernière chaîne stéréo Sony ne me rendra pas plus heureux. Les gadgets de ma nouvelle Golf GTI ne me feront pas battre le cœur.

Il doit y avoir quelque chose au-delà du mur.

Un matin, je me réveille à cinq heures, pour aller aux halles. J'aime entendre le chant des oiseaux, toute cette vie qui sort de sa torpeur. Je regarde par la fenêtre, le soleil se lève. Je dois aller négocier les prix des fruits, des légumes. En chemin, pourtant, comme pris d'un éclair de lucidité, je décide, en une seconde, de changer de vie. Tout d'un coup, je me suis senti emprisonné en regardant par la fenêtre. Un sentiment violent. Comme attaché. Sans liberté. Je vais voir mon oncle :

— Vendredi, j'arrête tout.

Il est stupéfait. Il discute, il argumente. Mon avenir, le sien, la boîte, les bonus, l'argent, ma mère, tout y passe. Mais je tiens bon. J'ai besoin de nouveau. Je n'ai pas le choix : la nécessité est pressante, essentielle. Je veux être libre.

Ma vie est ailleurs, je le sais, je le sens.

L'appel du large.

Je prépare une fête d'adieu. J'invite tout le monde, cousins, amis, famille, étudiants, frères d'armes, voisins, potes d'école (mais pas Bouli). Il fait beau, nous sommes dehors, la fumée du barbecue traîne en volutes, et, quand tout le monde est rassemblé, j'explique :

— Je m'en vais.

Je pars pour trouver une nouvelle vie. Les biens matériels ne me suffisent pas. D'ailleurs, je m'en débarrasse. Qui veut ma chaîne stéréo ? Tony, tiens, prends-là. Qui veut mes chemises à la mode ? Pieter, sers-toi. Et ainsi de suite.

Les amis se demandent si je ne suis pas frappé par le syndrome de saint François d'Assise, fils d'une riche famille marchande qui s'est dépouillé et est parti sur les routes, nu, avant « d'épouser Dame Pauvreté ». Personne ne croit que mon coup de tête va durer. En fait, j'ai besoin d'un défi. Qu'est-ce que la vie, sans défi ? Mes objets s'en vont : plus de lit, de télé, de moto, de kayak, de vélo. Dieu merci, je n'ai pas de girl-friend. De toute façon, je n'ai pas de temps pour une relation. Dans ma tête, je suis déjà parti. Les amis rigolent :

— On te les garde au chaud, on te les rendra au retour.

Ils ne savent pas, c'est normal, l'essentiel. Il n'y aura pas de retour.

En fait, je me libère. Je coupe les liens qui m'entravent. Je n'ai plus rien, je suis léger comme l'air. Quel soulagement ! Je ne suis pas saint François d'Assise, je n'ai aucune vocation à la béatitude. J'écoute seulement, en moi, cet appel qui me pousse à me mettre en mouvement. Au-delà du mur. En quelques heures, je n'ai plus de compte en banque, plus de carte bleue, plus d'assurance sur la vie.

Mais j'ai le monde entier.

Je pars avec cinquante dollars, un sac à dos, quelques vêtements. À l'époque, seuls trois pays sont ouverts aux citoyens sud-africains : l'Angleterre, la Suisse et Israël.

J'arrive à l'aéroport international Jan Smuts, qui deviendra plus tard l'aéroport Oliver Tambo. Je regarde les tableaux d'affichage. Premier vol : Zurich. Une place est disponible.

J'y vais.

Direction : le pays le plus calme du monde. L'aventure ? Elle va être difficile à trouver, *my vriende.*

8

Le Broad Peak

Ce sommet est notre prochain défi. Un grand challenge pour les himalayistes. Le premier à avoir réussi l'ascension du Broad Peak, en style alpin, s'appelle Marcus Schmuck. Un Autrichien. En 1957. La montagne, 8 047 mètres, aussi nommée K3, est caractérisée par un sommet épaté, large, comme écrasé, couronné de trois pointes. À première vue, l'ensemble est peu menaçant. Mais il ne faut pas s'y tromper : le Broad Peak, avec son pré-sommet et sa cuvette précédant l'ascension finale, épuise les hommes. Physiquement et moralement. Cette montagne te nargue, te défie avec ce creux géant qui te casse les jambes au moment de remonter. Dans le milieu des himalayistes, on ne tourne pas autour du pot. On l'appelle « la Salope ».

Au camp de base, l'ambiance est morne. Le paysage lunaire, composé de pierres, n'incite pas à la joie. Quelques militaires moroses traînent ici ou là. Les autres alpinistes sont partis. Le mois d'août est considéré comme peu propice aux ascensions. De plus, l'ambiance est tragique : une cordée de Coréens a été balayée par le vent sur l'arête finale. Une arête très exposée, bordée par une corniche. Dix personnes sont mortes.

Les morts constellent notre parcours.

Ils nous rappellent à la réalité des choses. À la fragilité de l'existence.

Nous faisons le point. Après l'ascension du G1 et du G2, nous nous sommes déplacés, les bagages à dos de mulet pour réinstaller notre camp de base. Deux jours de marche, en passant par Concordia où Olivier nous a laissés. Guide de haute montagne, il a des engagements en Suisse. Nos provisions ont bien baissé. Les voisins, partis, ont emporté leurs fromages, leurs pizzas, leur chorizo. Les militaires consentent à vendre un peu de viande fraîche : ils ont des chèvres, qu'ils négocient avec talent. Le temps passe. Pris entre l'exigence de notre récupération et la nécessité de grimper le Broad Peak et le K2 avant septembre, nous décidons que nous profiterons de la première occasion. Cathy, prévenue, se tient à l'affût.

Cathy, mon repère.

Ma Croix du Sud.

Les jours s'écoulent, lents et gris. Nous sommes seuls. Vers le 20 août, il commence à faire mauvais, tout le monde est reparti. Je contemple la montagne, à la jumelle. Mon regard a changé. Je distingue maintenant des passages techniques, des lignes de passage, des points de repère. Les deux premières ascensions ont été mon école. Pendant la première ascension, j'ai observé les autres. Pendant la deuxième, j'ai acquis une certaine indépendance. Maintenant, je vais danser au son de ma propre musique. Cette union avec la nature, cette osmose avec la montagne est ma récompense. Mon moment de grâce...

Nous ne sommes pas installés depuis quatre jours qu'une fenêtre s'ouvre. Cathy fait le point météo. Mais une autre alerte signale l'arrivée du vent et de l'humidité. C'est contradictoire. Que faire ? Jean et Fred hésitent. Plus le temps passe, plus l'ascension du K2 s'éloigne. Jean est réticent. Les autres veulent tenter l'ascension. Moi, par respect pour Fred et Jean, mes aînés en montagne, je leur laisse la décision finale. Elle leur appartient. Fred, lui, pense que nous aurons le temps de monter. Si les intempéries nous rattrapent, nous pourrons toujours rebrousser chemin. La discussion est vive, les arguments fusent, sans ébrécher l'amitié. La sanction, en cas d'erreur, est sans appel. Dans l'Himalaya, rien n'est pardonné. Finalement, Jean l'emporte : c'est la voix de la raison. Nous allons attendre.

Pour passer le temps, nous organisons une virée au Gilkey Memorial, à mi-chemin entre le Broad Peak et le K2.

En 1953, seules quatre expéditions avaient défié le K2, dont celle du duc des Abruzzes, en 1909. En 1938 et 1939, d'autres alpinistes tentèrent d'atteindre le sommet, sans résultat, sinon celui de perdre des hommes. En 1952, Charles Houston et Robert Bates, deux Américains, mettent sur pied une expédition sans oxygène. Ils sélectionnent des grimpeurs, un ingénieur nucléaire, un artiste, deux géologues dont Art Gilkey, originaire de l'Iowa. Début août 1953, après d'immenses efforts, l'équipe se retrouve au camp 7, à 7 800 mètres. Mais la météo tourne. Une tente s'effondre. Quatre jours passent, là-haut. Brusquement, Art Gilkey s'effondre : il a une thrombose. Le sauver, vite. Les risques d'avalanche, cependant, sont colossaux. Il faut attendre. Le 10 août, la situation est critique. Gilkey a une embolie pulmonaire. Il n'y a pas d'autre solution que la descente, malgré le mauvais temps. On l'attache sur une civière, enveloppé dans son sac de couchage. Mais, encordés, les alpinistes voient l'un d'entre eux glisser dans le vide. Le dernier, assistant à la chute de ses camarades, plante son piolet et sauve tout le monde. Mais la civière de Gilkey a disparu. A-t-il été emporté par une avalanche ? Ou bien a-t-il détaché son sac de couchage, pour sauver ses camarades ? Ses restes seront retrouvés en 1993.

La saga de Houston et de Bates est restée, dans l'histoire de l'alpinisme, comme l'une des grandes aventures héroïques exemplaires : « Nous sommes partis amis, nous sommes revenus frères », se souviendra Houston, beaucoup plus tard.

Le Gilkey Memorial est un petit cairn érigé en 1983 sur une pointe de rocher. Une multitude de plaques, des photos, des noms : Jeff Lakes, canadien, disparu en 1995 ; Tadeus Piotrowski, polonais, disparu en 1986 ; Anatoli Boukreev, russe, disparu en 2004 ; Éric Escoffier, français, disparu avec sa compagne Pascale Bessière en 1998 ; Alison Jane Heargraves, britannique, disparue en 1995 ; Robert John Slater, américain, disparu en 1995 ; Markus Kronthaler, autrichien, disparu en 2006 ; Nancy Noemi Sivestrini, argentine, disparue en 2003 ; Susan Erica Fear, australienne, disparue en 2006... Interminable liste, avec des centaines de noms, qui s'allonge année après année. Chutes, œdèmes, fatigue, gel, hypothermie, avalanches... Sur le petit tas de pierres, des plaques gravées, des photos, des assiettes en fer-blanc, des couvercles de casserole. Ces maigres hommages, émouvants, sont fixés avec des bouts de ficelle, des cordes, des clous. Tragédies gravées à la pointe d'un couteau, déjà des noms qui s'effacent, tintement des plaques au gré du vent, un drapeau de prières tibétain claque au vent, quelques fanions se balancent, et quelque chose de poignant flotte ici. Toutes ces vies fauchées...

Nous nous inclinons. Quelqu'un a posé quelques fleurs étiques.

Deux jours après, une nouvelle fenêtre se présente. Le grésil permanent, en bas, contredit la météo là-haut : la montagne est sèche. Nous allons grimper sur de la glace vive. Fatigant, mais rassurant : les risques d'avalanche sont réduits. En revanche, il va falloir aller vite, nous n'avons que peu de temps avant l'arrivée d'une nouvelle perturbation. Techniquement, je suis presque à niveau. Physiquement, je suis affûté. Bien acclimaté à l'altitude.

Nous partons. Très vite, nous arrivons au camp 3, à 7 000 mètres. Six heures et demie d'ascension. Les tentes de la cordée coréenne disparue sont toujours là. Courte halte. Nous nous préparons à continuer mais, manque de chance, le temps vire. Le sommet est englouti dans la tempête. Nous resterons ici cette nuit. La tente est en mauvais état : elle est déchirée, le froid y pénètre avec violence. Nos pieds sont si gelés que nous enlevons nos chaussures pour nous masser. Même Jean n'arrive pas à dormir, nous épargnant, pour une fois, son concert de ronflements. La nuit passe, lentement, péniblement.

À l'aube, les conditions sont les mêmes. La neige tombe en rafales, le vent balaie tout. Attendons, dit Jean. Il est déçu : c'est sa troisième tentative sur le Broad Peak. Pour une fois, je ne suis pas d'accord. Nous n'avons pas dormi, nous sommes gelés, nous n'avons pas de nourriture ni de sacs de couchage. Descendons. Jean résiste, Fred se range à mon avis. Le problème, c'est que le mois de septembre arrive. Chaque journée est précieuse. Le sommet est à portée de main. Mais je tiens bon. Entêté, Jean bloque. J'argumente. Finalement, il cède. En sortant de la tente, on aperçoit légèrement plus haut un autre campement de tentes, en bien meilleur état que notre tente pourrie, avec des réchauds et des réserves de nourriture laissés par les alpinistes. Nous aurions pu les utiliser mais c'est trop tard, on a passé beaucoup trop de temps à cette altitude.

Nous redescendons.

À 5 mètres de notre tente, dans la cassure, une pente raide plonge en direction du camp 2. Fred et Jean s'apprêtent à la dévaler sur les fesses, en contrôlant leur vitesse avec leur piolet. Au moment où Jean s'assoit pour se mettre en position, patatras, un craquement énorme, la pente part en avalanche devant lui. À quelques secondes près, le rouleau de neige était derrière nous et on prenait tout sur la gueule. Cette frayeur n'empêche pas Jean de se lancer comme il l'avait prévu. Sur les fesses. Je ferme la marche en glissant, debout, avec mes bâtons comme point d'appui.

Au camp de base, nous sommes moroses. Le temps est épouvantable. L'hiver arrive. La mousson avec.

Tout commence à geler. C'est fini. Le Broad Peak et le K2 attendront.

Nous rentrons.

L'échec, en montagne, fait partie de l'aventure. L'important est de survivre. Il y aura toujours une autre occasion, un autre voyage, un autre défi. On a beau être un alpiniste confirmé, un aventurier intrépide, on ne sera jamais meilleur que la nature.

Le courage, oui. L'intrépidité, d'accord. La bravoure mal mesurée, non. Chaque décision engage la vie. Il faut être capable de faire le choix décisif, en lisant un bulletin météo, devant un mur de glace ou face à un océan de nuages. L'attente est mauvaise conseillère ; à force de guetter la « bonne » fenêtre météo, l'impatience gagne, le jugement peut s'altérer.

Qu'est-ce qui pousse les hommes à se dépasser ainsi ?

C'est mystérieux, et pourtant, c'est la meilleure partie de nous-mêmes.

9

Essentiel

Je suis arrivé en Suisse par hasard.

Je m'abandonne au destin, qui sait sans doute ce qu'il fait.

J'ai quitté les miens. Mon pays : l'Afrique du Sud.

Je viens d'atterrir.

À première vue, Zurich a tout pour plaire : de belles rues, des montagnes de rêve, un air de quiétude et, comme disent les Suisses, des « aménités ». C'est-à-dire des forêts. La statue d'Alfred Escher, membre de la Diète fédérale au XIXᵉ siècle, domine la place de la Gare, et c'est sous son regard sévère et sa barbe de bronze que j'entreprends d'explorer la ville. Je n'ai rien : les mains vides, l'esprit au repos, la curiosité en éveil, je n'ai qu'un seul but, sortir d'une existence toute tracée. Ma zone de confort a été jetée aux quatre vents. Avec mes cinquante dollars en poche, j'ai à peine de quoi subsister les premiers jours.

Je suis léger. Mon existence est purement physique. Je n'ai plus de compte en banque, de responsabilité commerciale, d'impôts, d'obligations, de patron. Je vais où bon me semble, au gré de l'humeur. La brise me pousse, les nuages me tiennent compagnie, les montagnes me coudoient, le lac se froisse en vaguelettes régulières. Direction Montreux. Pourquoi Montreux ? Pourquoi pas ? Je n'ai pas d'argent pour prendre le train, je marche. Par chance, c'est l'été. De chaque côté de la route, des vaches placides broutent une herbe grasse. Des herbages verdoyants montent sur les flancs des monts. Des tracteurs font les foins. À les voir, je me dis que j'arriverai bien à me faire embaucher dans une ferme, j'ai un peu d'expérience dans ce domaine. Pendant les vacances, en Afrique du Sud, il m'est arrivé de travailler dans les champs. J'ai récolté la vigne, je me suis occupé du bétail, j'ai effectué la tonte des moutons, rien ne me rebute. Je suis juste heureux d'avoir abandonné mon ancienne vie de commercial en fruits et légumes. Me voilà le pouce levé, sur le bord de la route. Quand un automobiliste s'arrête et me demande où je veux aller, je réponds :

— Là où vous voulez.

Liberté totale. Satisfaction… Je suis à ma place. Je veux escalader des montagnes, naviguer sur des océans, traverser des pays inconnus. Je vais réaliser mes rêves. Parfois, j'ouvre mon atlas : je regarde le monde. Il est à moi.

Mais… ma belle humeur, peu à peu, s'effrite.

Car, en effet, les paysans suisses ne veulent pas de moi. Même contre une assiette ou un coin dans leur grange. Je pensais en avoir fini avec l'Administration, mais je constate qu'ici, c'est pire. Les Suisses sont stricts avec la loi. Or, je n'ai pas de permis de travail. Sans permis, pas de job. Ici, tout fonctionne sur des rails : pas question de s'en écarter. Il y a des règles, il faut les observer, point final.

De plus, le coup de grâce arrive quand mes interlocuteurs apprennent ma nationalité. Dès que je leur explique que je suis sud-africain, la réponse arrive, toujours la même :

— J'engage pas les racistes, moi !

Je réalise, brutalement, que l'image de mon pays est horrible à l'étranger. Avec mes médias verrouillés, en Afrique du Sud, je n'ai jamais mesuré l'impact de la campagne antiapartheid. La division de la société sud-africaine en deux couleurs de peau est odieuse, et les gens ne se privent pas pour le dire.

Il est vrai que les choses, alors, sont en train d'évoluer. La nouvelle génération, dont je fais partie, voit les choses différemment. Dans mon enfance, je n'ai jamais fait de distinction parmi mes copains, noirs ou blancs. À l'armée, j'ai combattu avec des soldats de toutes origines. Mais, en Europe, la réaction est unanime. Le moindre paysan du Valais, le plus petit fermier de La Tour-de-Peilz ont un cliché dans la tête : les Afrikaners sont forcément racistes et le système d'apartheid est profondément inique. Très vite, je comprends qu'il me faut changer de peau : désormais, je me prétends australien. Mais... Et les papiers ? Toujours le même problème. Un jeune gars me signale que je peux tenter ma chance à Sion, petite ville non loin d'un parc naturel. Il me dit que peut-être, pour les vendanges...

Je repars. Après tout, 70 kilomètres à pied à partir de Montreux, c'est jouable. Je marche sur la route, je dors dehors, je m'abrite sous des ponts ou dans des étables, je chaparde des fruits dans les arbres, je me débrouille. L'idée de faire la manche me déplaît. Un peu découragé, je fais halte dans une petite ville où je trouve refuge dans un local abandonné, derrière un cinéma. Je peux au moins y laisser mon sac et chercher un emploi. Peut-être qu'en zone urbaine j'aurai plus de chance qu'en pays rural. Mais les choses ne s'améliorent pas. Partout, on me demande :

— Permis de travail ?

Non, toujours pas. Au bout de quatre jours, je me fais repérer par une vieille dame, qui me voit derrière le cinéma. Pourtant, je prends soin de mon apparence. Je me rase, je garde mes habits propres. Ce n'est pas suffisant. La police m'embarque, sur les injonctions de la vieille dame. Motif : vagabondage.

— Je ne suis pas un vagabond.

— Tu es un clochard.

— Non.

— Si, tu n'as pas d'argent !

— Je trouverai un job.

— Impossible. Tu es d'Afrique du Sud.

— Je risque quoi ?

— Tu dois quitter la Suisse, ou bien on te reconduira à la frontière.

— Ah oui ?

— Oui.

— Laquelle ? Je n'ai pas le droit d'aller en France. Ni en Allemagne. Ni en Italie. Vous voulez payer mon billet d'avion pour Johannesburg ?

— Euh…

Pris dans cette logique administrative, les pandores me relâchent. L'idée de payer un billet d'avion pour l'autre bout du monde – donc cher – à un vagabond les a convaincus. Les gendarmes me préviennent :

— Pas de récidive, hein ! Sinon, tu auras des problèmes.

Je récupère mon sac. Je me poste au bord de la route, le pouce levé et le moral bien bas. Je suis sur le point de renoncer quand la chance…

Une deux-chevaux rose s'arrête. Déjà, c'est une voiture qui tranche sur le conformisme ambiant. Un gars décontracté me demande :

— Tu vas où ?

Il me parle français. Je n'en connais pas un mot. Je réponds :

— *English.*

— *Where do you want to go ?*

— Tel-Aviv.

— Tel-Aviv ?

J'ai donné cette destination par défi. Puisque ici, en Suisse, je ne suis même pas bon à traire une vache, pourquoi ne pas tenter une autre destination ? D'anciens camarades des Forces Spéciales sont devenus mercenaires, pourquoi pas moi ? Mon interlocuteur ne se formalise pas. Il reprend :

— Allez, monte. Je t'emmène à Aigles, tu pourras trouver un train.

— Je n'ai pas d'argent. Laissez-moi où vous voulez.

Tant bien que mal, nous parlons pendant le trajet. La deux-chevaux gravit un col, la nuit tombe, nous arrivons dans une jolie vallée, avec un village nommé Les Moulins, non loin de la station de ski de Château-d'Oex. Le gars me dépose, et je le remercie. Il redémarre puis, 20 mètres plus loin, s'arrête, la voiture grince, et le gars me fait signe :

— Tu dors où ? Tout est fermé.

— Là où je peux. Dans une ferme, sous un pont...

— T'as pas le profil d'un clodo...

— Ça fait un mois et demi que je vis comme ça. *No papers, no job.*

— Écoute, j'ai une auberge de jeunesse. Viens travailler ce week-end, t'auras un lit et de quoi manger. *Good ?*

— *Super good.*

— Je m'appelle José.

— Moi, c'est Mike.

José est le premier, depuis quarante-cinq jours, à me proposer quelque chose. Il était temps : ma confiance commençait à vaciller.

Je ne le sais pas encore, mais c'est une nouvelle vie qui débute.

Pendant deux jours, je travaille comme un fou. Je suis simplement heureux de me sentir actif et utile. Le week-end passe, le moment du départ arrive. J'ai préparé mon sac, j'ai déjà le pied dehors quand le type me propose de prolonger mon séjour. Un groupe doit arriver, et mon travail est apprécié. Moi, du moment que j'ai le gîte et le couvert, tout me va. Je reste.

Les jours suivants, José reçoit sa convocation pour le service militaire : en Suisse, chaque année, les hommes d'une certaine classe d'âge doivent endosser l'uniforme pendant quinze jours, histoire de ne pas se rouiller. José me demande de faire tourner l'auberge pendant ces deux semaines.

L'été 1990 s'achève, l'automne arrive, le paysage change.

Et je ne parle pas seulement du paysage physique...

Un jour, je vais boire un verre dans un bar fréquenté par des étrangers, et j'aperçois une belle blonde, en blue-jeans. L'endroit est bruyant, amusant. Je m'approche, et j'entends qu'elle parle anglais. Ne connaissant pas un mot de français, je lui demande si elle peut commander pour moi une bière. Nous bavardons. Elle demande :

— Tu viens d'où ?

— D'Afrique du Sud.

Pour une fois, voici une personne qui ne me rejette pas à cause de mon origine. Elle m'explique qu'elle est néo-zélandaise, et qu'elle est ici avec son boyfriend français. Il est moniteur de ski. Elle a vingt-huit ans, et elle travaille à droite et à gauche. Elle me tend ma bière, et rejoint son groupe d'amis. Nous en restons là.

Les jours suivants, je la croise parfois, dans les rues de Château-d'Oex. Après tout, c'est un petit village, avec cinq vaches et deux chiens. Difficile de se rater… Chaque fois, nous échangeons quelques mots, et, peu à peu, je perçois que cette femme est… différente. Mais, à l'époque, je n'ai qu'un seul désir : voyager. Je ne peux m'encombrer d'une relation sérieuse, me lester d'une quelconque responsabilité. D'ailleurs, elle n'est pas libre.

Quelques mois plus tard, en hiver, je la retrouve dans une discothèque, après le travail. Elle est « manager » dans un restaurant, moi je fais la plonge dans un hôtel. Sur la piste de danse, plusieurs pensionnaires d'une « finishing school », ces établissements sélects où les jeunes filles de la grande bourgeoisie apprennent les bonnes manières, tournent autour de moi. Moi, je me sens déjà amoureux de Cathy. Je lui dis :

— Mets ton bras autour de moi, comme ça les autres filles sauront que j'ai une copine...

Elle ne bouge pas. Se contente de sourire. Finalement, c'est moi qui pose mon bras sur ses épaules.

Nous partons ensemble. En chemin, j'avise une terrasse avec des fleurs pourpres. J'en arrache une botte, que je lui tends :

— Tu es la plus belle fille que j'aie jamais rencontrée.

Nous nous embrassons.

Ce premier baiser a le goût du bonheur.

Après avoir passé trois mois dans mon auberge de jeunesse, l'hiver arrive. Je suis embauché à la fabrication de neige artificielle. Avec mon premier salaire – vingt francs ! – je m'empresse d'acheter une paire de skis. Je n'ai même pas un anorak, juste des bermudas. Pas vraiment l'idéal. De plus, je n'ai jamais essayé de glisser sur la neige, mais quoi ? Il faut bien commencer quelque part. Pourquoi pas à Château-d'Oex... La nuit, pendant le travail d'enneigement, je profite des temps morts pour m'entraîner à faire des virages, à freiner. Je gravis les pentes à pied, je redescends à skis. En deux semaines, je maîtrise le B.A.-ba. Je me sens à l'aise sur les pistes désertes, je fonce à la lueur des étoiles. Le monde m'appartient.

La saison d'hiver se termine. Les moniteurs partent faire de la voile aux Caraïbes, les pisteurs trouvent des emplois sur la Côte d'Azur, et brusquement, dans l'intersaison, le coin se dépeuple. On m'apprend que le village recherche un moniteur pour enfants, pour faire des balades à skis. Idéal. Avec mes petits élèves, le contact passe immédiatement, et je leur enseigne le peu que je sais.

Cathy ne me demande rien, je n'exige rien d'elle, et cette liberté commune nous rapproche. Elle a une culture et une curiosité passionnantes, elle me fait rire, et, très vite, nous savons que nous sommes faits l'un pour l'autre. Au bout d'un moment, nous logeons dans la même chambre. Nous faisons la plonge dans un hôtel, nous cumulons les emplois saisonniers. Nous ne nous inquiétons pas de l'avenir, le présent nous suffit et nous rend heureux.

Nous n'avons rien, mais nous avons tout.

Nous avons l'essentiel : l'amour.

J'apprends à la connaître. Cathy Gilman vient de Dunedin, une petite ville de Nouvelle-Zélande célèbre pour sa colonie de manchots et pour sa rue la plus pentue du monde (35 %). Sa famille est aisée, elle a reçu une éducation soignée. Son père, médecin, et sa mère, physiothérapeute, ont eu quatre enfants, dont une paire de jumeaux. Dont Cathy. Elle envisage de faire carrière dans l'hôtellerie, et fait le tour du monde dans cette optique. En Suisse, elle s'occupe d'un enfant mongolien. Elle est très facile de contact. Elle aime faire la cuisine, elle est très réaliste, elle a les pieds bien posés à terre. Comme moi, elle est en situation illégale. Elle se débrouille comme elle peut.

L'été venu, je pose ma candidature au poste de guide rafting auprès du syndicat d'initiative. Je me présente comme « spécialiste d'eau vive en Afrique du Sud ». Tu parles d'un spécialiste ! Je n'ai jamais posé mes fesses sur un raft, surtout avec des touristes. J'aime l'eau.

À seize ans, j'ai été maître nageur et naviguer sur une rivière ne me paraît pas hors de portée. On m'attribue un parcours, que je repère avec minutie. Je ne fais pas semblant d'être capitaine au long cours, je me contente de me fier à mon instinct, à mes ressources et à mon envie. Très vite, je réalise que j'ai des facilités pour ce genre d'exercices. En même temps que j'exerce, je progresse. J'essaie le canyoning, le parapente, la nage en eaux vives. Des trucs excitants. Risqués, mais fun.

Comme je n'ai pas de quoi me payer une planche correcte pour descendre la rivière, je tronçonne un vieux modèle de kayak, et j'en fais un hydrospeed. Je propose aux touristes la découverte des canyons à pied, avec descente de cascades en rappel. Je commence à avoir des notions de français, d'italien, d'allemand, de hollandais. Je suis à l'aise avec tout le monde. Et puis, il y a Cathy.

Nous tirons le diable par la queue, et alors ? Elle fait la cuisine dans ma soupente, où je ne peux même pas me tenir debout à cause de l'inclinaison du toit, elle est souriante, et moi, je fais n'importe quel job, traire les vaches, abattre des arbres, tondre des pelouses. Nous n'avons rien. Vraiment rien.

Avec cette femme à mes côtés, tout se met en place. Je n'ai pas d'ambition à satisfaire, de rêve à combler, de frustration à venger. La mort prématurée de mon père m'a démontré que la vie est précieuse, et j'en ai tiré une philosophie à ma mesure : pas question de dilapider ce trésor dans une routine quelconque, dans des habitudes qui sont autant de petites morts. Combien de jours vit-on ? Trente mille ? Combien d'heures ? Sept cent vingt mille ? Ce qui fait quarante-trois millions de minutes… Il ne faut pas en gâcher une. Mon père n'a pas eu la chance de vivre vieux, il a eu une demi-vie. Moi, j'espère que j'en aurai une pleine et entière. Et déjà, j'estime qu'une seule vie, ce n'est pas assez. Je veux aller sur des chemins inconnus, voir des paysages vierges, parler avec des hommes d'ailleurs, je veux parcourir le monde, assister à des aubes dans les Andes et des crépuscules en Mongolie. Je veux, je veux…

… Voir au-delà du mur.

La vraie valeur dans la vie est en nous-mêmes. Chacun a quelque chose d'unique en lui. Personne, ni rien, ne peut nous le retirer. Cette énergie, ce désir, ne s'achètent pas. La Bourse peut bien s'écrouler, ça ne changera rien, cette valeur est toujours en nous. J'ai compris que l'argent ne m'intéressait pas. Partir à l'extérieur, le plus loin possible, au-delà du mur, pour m'enrichir de l'intérieur, voilà qui donne un sens profond à mon existence. Et cette démarche, j'en suis convaincu, tout le monde peut l'adopter, à son échelle, à sa mesure.

Tout le monde peut voir au-delà du mur…

Avec Cathy, nous quittons notre petite chambre et nous nous installons dans un petit appartement à Château-d'Oex. L'endroit est joli : le nom du village, dit-on, viendrait d'un terme celte, Ogoz, signifiant « le Haut Pays ». Depuis la nuit des temps, on y fabrique du fromage, et le village est un compromis agréable entre une petite ville et une zone rurale. Cathy trouve un emploi comme secrétaire du patron de Grohe, une entreprise de robinetterie. Tous deux, nous avons de petites rentrées d'argent. La vie devient facile.

Finalement, je n'irai pas à Tel-Aviv.

Je mets de l'argent de côté pour un projet un peu fou : un copain, artiste dessinateur, me propose d'aller faire du parapente dans la cordillère des Andes. L'idée me plaît. D'abord, parce que je n'ai jamais fait de parapente. C'est une discipline toute neuve, qui a bien pris dans les Alpes : depuis 1979, il existe même des clubs et, en 1985, une voile spécifique vient d'être inventée. Quant aux Andes, il n'y a que l'embarras du choix : l'Aconcagua fait 6 962 mètres d'altitude, et le Chimborazo culmine à 6 268 mètres. Je pars.

C'est notre première séparation avec Cathy, qui, de son côté, a voulu voyager en Inde, ce pays de sagesse. Cet éloignement, nous le vivons bien, sachant que même si la distance nous sépare, nous sommes unis en pensée. Et il y aura la joie des retrouvailles…

Je crapahute sur les pentes de ces montagnes : c'est raide, c'est dur, c'est éprouvant. Grimper dans des paysages basaltiques, avec, là-bas, la mer pour horizon, c'est magique. Je teste mon endurance, et je sens, mystérieusement, que cet effort me met en contact avec la nature, me fait aller à l'essentiel de l'humain. Le dépassement de soi, le dynamitage des limites, voilà ma raison de vivre. Je n'en ai pas encore totalement conscience, mais je sens que je viens de trouver l'axe de mon existence.

Las ! Au bout d'un mois, je suis rapatrié avec une jambe cassée. Cathy est rentrée d'Inde et doit retourner en Nouvelle-Zélande. Elle me serre dans ses bras. Notre éloignement nous a fait réaliser que notre vie, c'est ensemble.

10

Le Broad Peak, encore

Été 2010 : un séisme a ravagé Santiago du Chili ; la mouvance islamiste a été vivement combattue en Afghanistan ; le Brésil a connu une terrible inondation ; tous les aéroports du nord de l'Europe ont été fermés à la suite de l'éruption du volcan Eyjafjöll en Islande ; la Coupe du monde de football a eu lieu en Afrique du Sud et sept touristes sont tués à Manille lors d'une prise d'otages tragique. En Suisse, les eaux du Léman sont calmes.

Trop calmes pour moi.

Je repars pour l'Himalaya.

J'ai le sentiment d'avoir laissé quelque chose en plan. Je n'aime pas ce goût d'inachevé, je vais conclure mon pari. Il me reste à gravir le Broad Peak et le K2, pas question d'abandonner. Ce n'est pas dans mes gènes.

Je monte une expédition avec Köbi Reichen, un guide suisse qui compte quatre 8 000 à son actif. Dans son univers, Köbi est célèbre : il aime skier dans les endroits les plus extrêmes du monde. Sous des dehors rustiques, un peu froids, c'est un vrai gentil doublé d'un bon vivant. Il sait tout faire : chasser, pêcher, travailler le bois, remonter un moteur. Il a gagné sa vie dans divers métiers, mais sa passion, c'est la montagne. Il parle avec ses mains, se montre volontiers expansif mais, quand il faut, son exubérance cède la place au sérieux. Son style est simple : il se fie à son propre jugement, établit ses propres règles. S'il « ne le sent pas », quel que soit l'avis général, il rebrousse chemin. Techniquement, il est rapide, puissant, endurant. Sur les pentes, il évolue avec aisance, s'énerve rarement, il a le souci de l'autre et ne supporte pas les bravaches. Il hait les bobos arrogants, bardés de matériel coûteux, entourés de guides et de porteurs, qui se paient le luxe d'avoir des domestiques qui équipent les voies d'accès, tendent des cordes partout, planifient chaque percée et, au moindre pépin, réclament l'armée, les hélicos, les grands moyens. Köbi Reichen a une approche plus épurée : *mano a mano*.

En guise d'entraînement, nous avons déjà passé un mois dans l'Himalaya, avec huit jeunes. Ceux-ci font partie d'un grand programme que j'ai mis sur pied, le projet Pangaea. Depuis mars 2008, j'emmène des jeunes, des enfants parfois, sur des terres d'aventure : le désert, la montagne, la jungle, la mer... Avec une seule idée : leur faire prendre conscience de la fragilité de notre planète.

*
* *

Le projet est né deux ans auparavant, à mon retour du pôle Nord – trois mois d'un périple insensé dans la nuit polaire avec Børge Ousland, un spécialiste de l'Arctique. Comme à chaque retour, il me faut un moment pour reprendre pied dans la réalité. Passer de la nature sauvage au monde civilisé crée un certain vide. Je me sens comme un marin qui tangue d'avoir trop navigué. Je dois me refaire une place auprès des filles sans rien brusquer, reprendre un rythme différent. Annika et Jessica grandissent, je vais bientôt fêter mes quarante-cinq ans, je ressens de plus en plus l'envie de transmettre ce que j'ai vu pendant mes voyages. L'idée m'apparaît alors dans sa simplicité : la génération de demain est pure énergie, une énergie durable, non polluante et intelligente. Les ados ont le dynamisme et l'imagination, une volonté bien trempée et ne s'embarrassent pas des freins de leurs parents, du conformisme, des idées noires. Ils ont cette capacité à l'espoir et à l'action qui fait parfois défaut aux adultes. Ce sont eux, ces gamins qui vont hériter de notre Terre saccagée, que je veux emmener voir la nature encore intacte !

Avec Cathy, on commence à placer des points sur le globe, les endroits les plus reculés que j'ai traversés, et notre carte imaginaire se met à ressembler à un tour du monde, puis deux, trois... L'itinéraire s'allonge, les kilomètres s'ajoutent aux mois. Il faudrait rallier les pôles, remonter l'Amazone, montrer l'extraordinaire beauté de la Barrière de corail dans le Pacifique, la biodiversité des fjords, les dunes mouvantes du désert. L'itinéraire prend la forme d'une odyssée. Ce que je cherche, c'est leur regard, leur émotion. Les amener à voir et à toucher pour qu'ils comprennent ce que j'ai saisi à travers mes explorations, l'incroyable splendeur de la Terre, sa puissance, sa fragilité aussi. Le fil rouge sera l'eau. L'eau des mers où circulent de plus en plus de plastiques, le flot des fleuves empoisonné par les rejets toxiques, la fonte des glaciers. L'eau stagnante, absente, l'eau souillée des rivières...

En quelques jours Pangaea existe dans nos têtes. Ce sera un des plus grands projets éducatifs pour l'environnement jamais tenté !

Ce que je propose est tellement énorme qu'il faut une sacrée dose de confiance et d'envie pour me suivre. Cette difficulté m'arrange, finalement, j'ai toujours préféré une franche poignée de main aux effets d'annonce qui finissent sur des rendez-vous ratés. Comparé à celle d'un Tiger Woods, d'un joueur de basket, d'un pilote de Formule 1, ma valeur commerciale est très limitée, j'en suis conscient. Mais j'ai toujours préféré valoriser un projet plutôt que mon image de sportif extrême. Même si le projet leur paraît dingue et à la limite de la faisabilité, les sponsors qui s'engagent à me suivre croient en des valeurs fortes. Ils me connaissent assez pour savoir que si un rêve ne me fait pas peur, c'est qu'il n'est pas assez grand.

À São Paulo, deux cents familles de *faveleros* se relaient jour et nuit sur le chantier. Les chiffres paraissent vertigineux : vingt-deux mille heures rien que pour concevoir et bâtir cette merveille d'aluminium, 600 mètres carrés de voiles, une coque brute sans peinture polluante dont le métal résistant, léger et ultra-recyclable, naviguera partout ! Tout a été pensé en fonction des voyages – le voilier devra parcourir 100 000 kilomètres des mers australes aux océans gelés des pôles – et un impact écologique aussi faible que possible : moteur nouvelle génération à basse consommation développé par Mercedes Benz, panneaux solaires, matériaux recyclables, quille rétractable. Grâce à son tirant d'eau de 1,60 m, il remontera les fleuves jusqu'à des zones où aucun bateau ne s'aventure. Ses hélices seront assez puissantes pour creuser leur propre canal dans les bancs de sable, et l'avant sera muni de patins afin de s'échouer à marée basse ou de glisser sur la banquise comme une luge sans se faire broyer par un iceberg à la dérive. À l'intérieur on compte trente couchettes divisées en cabines doubles très confortables et d'autres plus modestes, une salle de conférences prévue pour accueillir une vingtaine de personnes, un centre de communication et de transmission high-tech. À l'arrière, courant sur la moitié de la coque, un immense local de stockage comprend déjà deux congélateurs, un frigo, un compresseur de déchets et des filets de chalutage destinés à récupérer les déchets plastiques flottants. Dans le cockpit et dans la salle des machines, tout l'équipement a été doublé pour éviter de se retrouver en rade au beau milieu de nulle part. Cette précaution m'a déjà sauvé la mise. Je préfère ne courir aucun risque avec les jeunes dont j'aurai la charge. En onze petits mois et trois millions et demi de dollars seulement, *Pangaea* est achevé alors qu'on me jurait qu'il faudrait trois fois plus de temps et d'argent !

De son côté, en Suisse, Cathy se démène pour assurer la sélection des futurs aventuriers, les YEP, « Young Explorer Program », une manière d'afficher clairement leur engagement. Chaque expédition accueillera des jeunes du monde entier, dans l'idéal un ou deux par continent, de la Chine à l'Espagne, du Canada au Japon. On veut des gamins débrouillards, tenaces et créatifs, entre quinze et vingt ans. Les volontaires réalisent une vidéo en expliquant leurs passions, leurs ambitions, pourquoi ils souhaitent participer au voyage. On ne recherche pas de profil spécifiquement sportif. Ils peuvent être fans de hip-hop ou de cinéma, aimer le slam, les maths, faire du théâtre, de la photo, écrire un blog, s'entraîner à devenir champions d'échecs ou informaticiens, seul l'engagement compte, ce sera un point déterminant lors du choix final. Chaque jeune sélectionné deviendra un ambassadeur, dans son lycée ou dans son université. Il devra être à l'aise avec les outils médias, capable de monter des projets, de faire le buzz, bref, être convaincu pour devenir convaincant. J'aimerais que ce voyage change à jamais leur vision du monde et l'envie de le préserver. Certains imagineront des solutions concrètes pour nettoyer les mers et les montagnes, empêcher la destruction de la Barrière de corail, protéger les espèces animales, les forêts, trouver des alternatives plus propres, susciter un élan collectif qui créera un équilibre durable. La grande idée tient finalement à peu de chose : que de mon rêve naissent d'autres rêves et que l'aventure continue…

Je ne me suis jamais considéré comme un écolo mais depuis vingt ans que j'explore le monde, j'ai vu les dégâts occasionnés par la pollution jusque dans les recoins les plus inhabités du globe. Sous la mer des galaxies de plastiques asphyxient la faune et la flore, dans la jungle, le long du fleuve Amazone, on déforeste à tour de bras. La Terre m'a trop donné pour que je continue à la parcourir sans rien lui rendre, en faisant comme si cette pollution ne me concernait pas. Il y a des milliers de livres qui parlent d'environnement, des spécialistes qui accumulent les rapports sur le changement climatique, cela fait des années qu'on nous prévient qu'il faut limiter le gâchis, que si on ne transforme pas nos habitudes de consommation on va droit dans le mur, mais qu'est-ce qui a changé ? Je n'ai aucune leçon à donner. Je veux juste partager mon expérience, utiliser ce que je sais faire le mieux : emmener ces jeunes sur le terrain, leur montrer la beauté du monde, sa fragilité… que l'émotion leur rentre dans le cœur et la mémoire. Pour qu'un jour ils décident de changer les choses.

En décembre 2012, après quatre ans de voyages autour du monde, Pangaea a pris fin. Le succès a dépassé nos espoirs ; près de quatre cents jeunes ont participé de près ou de loin aux expéditions, plus d'une centaine de projets environnementaux ont déjà vu le jour et cela devrait continuer puisque les choses se développent de façon autonome, même si on continue à suivre et soutenir les YEP. À présent c'est à eux de jouer !

Ainsi donc, à l'été 2010, huit alpinistes en herbe de Pangaea m'ont suivi, avec Köbi et Erwan, de la maison Petzel, au Pakistan. Nous avons effectué un long trekking sur le glacier de Baltoro, gravi un pic vierge de 6 000 mètres, que nous avons baptisé Pangaea Peak, et les jeunes, ravis et fiers de cette expédition, ont été comblés… Au départ, on m'a dit que c'était un projet démesuré, dangereux, mais tout se passe avec la facilité de l'évidence.

Au mois de juin, la saison commence. Nous arrivons au camp de base, désert. D'une certaine façon, je suis content de retrouver ce paysage rude, semé de caillasses. Jan, le cuistot, est revenu : gentil, de bonne humeur, je l'ai retrouvé à Askole et l'ai immédiatement engagé.

Nous nous installons en hauteur, pour éviter de nous retrouver dans une multitude de tentes quand les grimpeurs vont arriver, ce qui ne saurait tarder. Les campements sont des microsociétés : les rumeurs courent vite, le moral fluctue en fonction de la météo ou des accidents, les humeurs contaminent tout le monde. Les alpinistes seront là dans quelques semaines, coincés dans quelques centaines de mètres carrés. Cette promiscuité peut devenir pesante, surtout si la frustration joue. Les mots de travers fusent, les agacements s'enflamment, le coude à coude devient énervant. Jouer aux cartes ou aux dés, c'est une façon de passer le temps, mais c'est vite usant. Köbi et moi, nous préférons rester à distance. On nous a dit qu'au pied de l'Everest le campement de base jouit d'une tente-cinéma, d'une boulangerie, d'un hôpital.

Moi, je suis heureux dans le dépouillement.

Nous déblayons le terrain, nous dressons les tentes. Je prends contact avec Cathy, qui, une fois de plus, lit les cartes météo. Même si la moitié du temps je suis ailleurs, elle ne s'inquiète jamais, ne manifeste aucun agacement. Nous sommes heureux de nous retrouver, et nos deux filles grandissent calmement, sachant que leur papa crapahute quelque part au bout du monde. Quand je m'assieds au bord de leur lit, en Suisse, je leur raconte. Elles appellent ça : « Les contes de papa ».

Cathy est mon ancrage dans ce monde. Même quand j'ai la tête près des étoiles, elle est avec moi, douce et attentive.

Dans nos tentes, nous attendons. Comme d'habitude, les grimpeurs respectent l'espace privé des autres. C'est au mess qu'ont lieu les réunions ou les visites. Le matin, la rumeur des brûleurs nous tire du sommeil. Le réchaud est antique, bruyant et fonctionne au gasoil. Jan prépare le café, avec des chapatis accommodés avec les restes du dîner. L'humeur est joviale, malgré la grisaille extérieure. Nous échangeons des plaisanteries, nous discutons du programme, nous flânons. Je passe mon temps à lire, à écrire ou simplement à méditer. Grâce à l'antenne satellite B-Gan alimentée par des panneaux solaires que Markus, notre fidèle inventeur de technologies, a mis au point, je peux entrer en contact avec Cathy, je réponds aux questions des internautes (« À quoi penses-tu quand tu es en haut ? », « Ça fait quoi, de vivre sans oxygène ? »). Ces moments d'attente sont aussi des instants de mise au point.

La nuit, j'écoute la montagne me parler : la glace craque, le vent murmure. Les porteurs ont un mot pour cette petite musique de nuit : « le chant de l'Himalaya ».

Les jours passent, solitaires, et, d'un seul coup, le camp de base se remplit. Il devient coloré, cosmopolite, bruissant de nouvelles, carrefour du monde. Il y a des Japonais, des Coréens, des Iraniens, des Canadiens, des Américains… L'effervescence est amusante. Il y a plus de monde qu'en 2007. Beaucoup d'inconnus viennent à ma rencontre. La plupart d'entre eux ont lu mes livres. Ils veulent échanger avec l'homme qui a descendu l'Amazone à la nage ou parcouru le pôle Nord pendant la nuit polaire. Pour eux, je suis devenu « l'aventurier de l'extrême ». Cette microsociété a ses « people », dont je fais partie, sans l'avoir voulu. L'aventure, à mon sens, c'est la solitude. La réputation, la popularité ne sont que feux de paille.

Je retrouve aussi des visages connus au camp de base du K2. Il y a là Gerlinde Kaltenbrünner. Elle a gravi treize sommets au-dessus de 8 000 sans assistance respiratoire. Au printemps, elle est montée en haut de l'Everest, et compte bien décrocher son quatorzième sommet avec le K2. Elle fait équipe avec Ralph, son copain, et Fredrik Ericsson, alpiniste et skieur de l'extrême. En 2003, il a escaladé le Peak Communism, au Tadjikistan (7 495 m) puis est descendu à skis. Il a fait de même sur le Shisha Pangma, au Tibet (8 027 m), puis sur le Gasherbrum. L'an dernier, un de ses amis est mort, mais Ericsson n'a pas été découragé. Au camp de base du Broad Peak, nous sympathisons bien vite avec une autre « famille » de vrais himalayistes : Alberto Inurrategi (qui a fait quatorze 8 000 et a perdu son frère sur le Gasherbrum), Juan Vallejo et Mikel Ziarrusta, un trio de Basques enthousiastes qui partagent généreusement leurs provisions de pata negra et de chorizo. Les trois gars veulent entreprendre la traversée des trois sommets du Broad Peak, et si possible, battre le record établi par des Polonais.

Il y a aussi Benedikt Böhm, un Allemand qui veut descendre des passages à skis. Et Mario Merelli, le vagabond de la montagne, toujours aussi cool, toujours la clope au bec :

— Hey Mike ! *Va bene ?*

Sa nonchalance tranche avec la fébrilité des autres. Il est heureux d'être là, c'est tout. Moi aussi.

À cela s'ajoutent des expéditions commerciales montées par des agences spécialisées avec guides, porteurs, caissons d'oxygène, logistique moderne. Jusqu'à ces dernières années, elles étaient rares : mais l'aventure, désormais, se vend en package prédigéré, l'Everest est saturé, la mode est aux nantis qui veulent afficher un « Himalaya » au compteur. Ils s'achètent du frisson sur mesure.

Les nouvelles circulent : état de la montagne, échec de certaines cordées, histoires de la saison passée, accidents. De l'extérieur, comment ne pas être surpris par la désinvolture de ces hommes qui risquent leur peau ? Ils aiment cette vie sur le fil. Pourtant, la tragédie de 2008 est encore présente dans tous les esprits.

À l'aube du 1er août 2008, alors qu'une poignée d'alpinistes piétine, une fenêtre météo, étroite, s'ouvre. Il y a là trente et un alpinistes de huit nationalités, qui veulent vaincre le K2 : des Serbes, des Américains, des Coréens, des Norvégiens, des Français, des Danois, des Espagnols, des Italiens. Dès que le feu vert est donné, tout le monde s'ébranle. Les sherpas ont balisé les voies, fixant des cordes, et deux lignes sont indiquées : certains grimpent par la Cesen, courte et technique, d'autres par l'arête des Abruzzes, plus accessible, mais venteuse et exposée à la chute de séracs. Le point de jonction se situe à l'épaule du K2, le « balcon », le goulot d'étranglement (bottleneck), sorte de toboggan gelé situé au-delà de la limite des 8 000 mètres. Mais, dès le départ, un Serbe abandonne, et descend avec Shaheen Baig, le plus expérimenté des sherpas. L'absence de celui-ci se fait vite sentir : les sherpas et les porteurs de haute altitude pakistanais ont fixé des cordes dans des endroits mal placés, et n'ont pas marqué la traversée du bottleneck. Il est nécessaire de récupérer des cordes de plus basse altitude, pour les ramener et les fixer plus haut. Les heures passent. Les Américains, constatant le retard, désescaladent. Dren Mandic, l'un des Serbes, se détache pour placer son masque à oxygène. Il perd l'équilibre et chute, entraînant la Norvégienne Cécilie Skog. Celle-ci réussit à se raccrocher. Mandic, lui, atterrit 100 mètres plus bas. Le Suédois Fredrik Strang redescend pour lui porter secours. L'un des Français, Jehan Baig, le suit. Mais celui-ci semble incohérent, frappé par le mal des montagnes. Chemin faisant, Baig glisse et disparaît.

Entre-temps, un embouteillage s'est formé au bottleneck, et la fenêtre météo se referme. Les retards accumulés sont importants : dix-huit alpinistes parviennent là-haut à huit heures du soir. À huit heures trente, il fait nuit. Dans la descente, un bloc de glace dévale et coupe la corde des Norvégiens : Rolf Bae, l'un des gars, est emporté. Les autres alpinistes, bloqués depuis des heures dans la zone de mort, paniquent dans l'obscurité. Un groupe décide de bivouaquer, un autre de continuer à descendre. L'épuisement, le manque d'oxygène, la difficulté à communiquer entre nationalités différentes aggravent les choses. Le Français Hugues d'Aubarède, soixante et un ans, est pressé : il se prépare à fêter la noce de sa fille Constance, à Lyon. Il se dépêche, et chute. On ne le retrouvera pas.

Au petit matin, les huit alpinistes restés au-dessus du bottleneck attendent les secours. L'un d'entre eux,

Van Rooijen, s'engage dans la gorge. Sa vue se détériore avec la réverbération de la neige. Sur le chemin, il croise deux Coréens, Kyeong Hyo Park et Jumik Bhote, emmêlés dans leurs cordes. Ils ont passé la nuit ainsi, mais ils sont vivants. L'un des alpinistes italiens, Confortola, épuisé, s'est endormi. Le fracas d'une avalanche le réveille, et il a juste le temps de voir des corps emportés, ceux des Coréens et d'un Irlandais. L'équipe de secours parvient à aider les survivants, mais le bilan est terrible : onze morts. Sur les dix-huit qui sont parvenus au sommet, huit sont portés disparus.

La montagne est en deuil.

Nous avons prévu de grimper à 6 400 mètres, pour nous mettre en jambes, avant d'attaquer le K2 qui, depuis cette tragédie, n'a pas été vaincu. Le Broad Peak, lui, n'est pas extrêmement technique, mais pour accéder au pic principal, il faut emprunter une arête à plus de 8 000 mètres – dans la zone de mort – avant d'arriver au sommet. La dernière fois, nous n'y sommes pas parvenus.

Donc ? Donc on y va.

À la première occasion, nous nous élançons. L'aube n'est pas encore là. Nous passons devant le glacier fracassé où une alpiniste italienne, Cristina Castagna, a trouvé la mort l'an dernier. La pente escarpée, exposée aux chutes de pierres, est encore vierge de cordes. Notre progression est rapide. Le camp 2 est désert, nous sommes les premiers à nous installer. Par prudence, nous employons la technique de Jean Troillet, nous enfouissons tout sous la neige. Le soleil se lève, et c'est un miracle. La marée des sommets se déploie, semble danser dans l'air cristallin. Köbi sourit, heureux. Je retrouve cette magnifique sensation d'espace infini, qu'on ne sent qu'en altitude.

Mais pas le temps de s'émerveiller. Il faut redescendre au camp de base.

Trois jours plus tard, nous repartons. Cathy nous a donné le feu vert. Cette fois, nous allons pousser au-delà des 7 000 mètres, pour repérer les séracs et étudier l'état de la voie. Nous progressons bien. Le temps est beau. Mais, au fil de l'ascension, les vents se lèvent, forcissent, puis se déchaînent. Au camp 3, ils sont tellement violents qu'ils ont pelé la montagne à vif. La glace, mise à nu, est bleue, avec des reflets d'une beauté stupéfiante. Le soleil joue dessus. Les yeux doivent être protégés au maximum. Le vent, la glace, le froid : impossible de continuer sans pitonner. Trop glissant. Nous redescendons au camp 2 pour y passer la nuit. Nous déterrons le matériel, nous choisissons un emplacement à l'abri, nous creusons la glace pour y loger la tente. L'exercice est difficile, l'endroit dangereux : nous sommes à 2 mètres de l'abîme, quasiment les pieds dans le vide. L'horizon est spectaculaire. Pour un peu, on y passerait sa vie en méditant. Nous nous taisons devant cette majesté. Le soleil se couche, le silence nous enveloppe. Nous sommes deux hommes minuscules, accrochés à la falaise vertigineuse, happés par cette beauté. Pour dormir, en revanche, c'est une acrobatie. Le moindre geste brusque et la tente risque de basculer.

La neige tombe. Nous sommes au camp de base. De nouveau, il faut attendre. Et espérer que les avalanches vont purger la montagne. Cinq jours s'écoulent, lents et interminables. Cathy nous envoie des points météo précis : température, humidité, vent, nuages, éclaircies.

Nous discutons avec les autres grimpeurs, partageons un espresso avec Marco, sommes prêts à tenter un « summit push » dès la première éclaircie. Elle arrive. Cathy :

— C'est bon.

Départ en pleine nuit, bien sûr. Histoire de ne pas être gênés par les autres expéditions. À peine arrivé au glacier, en sautant le cours d'eau, je dérape et crève la couche de glace. J'ai un pied trempé. Dangereux : engelures. Mais pas question de revenir sur ses pas. J'ai des chaussettes de rechange au camp 2. Par chance, la tente est intacte. Nous faisons une halte, le temps de rétablir la circulation dans ce foutu pied. Je sais ce qu'il en coûte, d'avoir des engelures. Le cercle arctique m'a laissé des douloureux souvenirs.

Deux heures plus tard, reposés, nous redémarrons. La montagne est déserte, les autres grimpeurs ne se manifestent pas encore. La neige est bonne, ni trop légère ni trop lourde, elle offre une bonne accroche. Köbi a pris la tête et me distance d'une cinquantaine de mètres. À l'arrière, les premières cordées apparaissent, multicolores. Nous arrivons au col. Et là, déception. Le blizzard a formé de nouvelles plaques à vent. Marcher là-dessus, c'est la mort assurée. Pas question de toucher d'un seul orteil cette masse en équilibre. Köbi fait demi-tour.

Nous descendons. En chemin, nous croisons une file de grimpeurs. Ils vont sans doute buter sur le même obstacle que nous. Impossible de communiquer : nous sommes trop loin, et le vent emporte nos paroles. Deux cents mètres plus bas, un homme seul titube. Il est mal acclimaté. Il risque de tomber. Köbi lui crie de s'arrêter. Mais l'autre est fermé au monde. Il avance comme un zombi. À cette altitude, en cas de malheur, il n'y a rien à faire. Je garde un œil sur le bonhomme, au cas où il dévisserait. Je n'ai pas envie d'être dans sa trajectoire. Par chance, le gars réalise qu'il n'y arrivera pas. Il s'arrête, revient sur ses pas, comme un homme ivre. Tant mieux. La pente requiert toute ma concentration. Je reprends mes efforts.

Un cri, sec, affreux.

L'homme est en train de rouler sur la pente, qu'il dévale de plus en plus vite. Il faudrait qu'il s'accroche, mais la vitesse le bouscule, le désarticule. Il va chuter dans le vide. Nous sommes là, collés à la paroi, figés, impuissants. Miracle, il s'arrête à la toute dernière extrémité. Quelques secondes passent. Il se remet en marche, comme si de rien n'était, descendant vers le camp 3. Soit ce type est un héros zen, soit l'effet de choc et le manque d'oxygène ont altéré ses réactions. Il semble indifférent. C'est une réaction typique de l'altitude : on se détache. Plus rien n'a d'importance. L'empathie n'existe plus. L'instinct de survie diminue. La volonté est dissoute. On n'est plus rien.

Cette idée me cloue sur place. Ma vie vaut ce que je mets dedans, mes rêves, mes émotions, mon amour, Cathy, mes filles. Je me sens coupé en deux, extérieur à moi-même. Je suis acteur et observateur, dedans et dehors. C'est une hallucination.

Le rescapé finit par rebrousser chemin. Il a raison.

La météo est pourrie. Attente, attente, attente. Nous ne sommes pas mécontents de nous tenir en dehors de la mêlée. Nous ne voulons pas gaspiller nos journées, mais que faire, sinon jouer aux cartes, lire *Guerre et Paix*, dire des mots doux à sa femme, et prendre son mal en patience ? Je suis un peu inquiet pour la tente laissée au flanc de la montagne. J'espère qu'elle tiendra.

Tiens, faute de mieux, allons au Gilkey Memorial.

La balade est silencieuse ; le lieu, toujours aussi impressionnant. C'est poignant. La neige est sale. Un piolet rouillé se dresse entre les pierres. Köbi déchiffre les noms gravés. Depuis la dernière fois, en trois ans, la liste s'est allongée : les onze noms d'août 2008 sont là. Une Italienne, Michele Fait, est tombée à skis l'année suivante. Un Bulgare, Petar Unzhiev, est mort d'un œdème. Un Tchèque, Veslav Chrzaszcz, a eu une crise cardiaque. Un Hongrois, László Varkonyi, est tombé dans une crevasse. Un Anglais, Peter Kinloch, est décédé d'épuisement... Plus de deux cent cinquante personnes sont mortes sur les flancs de l'Everest. Si on ajoute les autres pics, la liste se multiplie par dix... L'un a décroché, l'autre a cassé ses crampons, un tiers a simplement disparu. Le K2 est une tueuse. Ce ne sont pas seulement des hommes et des femmes qui meurent, ce sont des espoirs, des efforts, des rêves.

La montagne, ici, me parle à nouveau. Elle me dit de me dépêcher. J'en suis sûr : il faut aller vite, revenir encore plus vite. Nous sommes en train de nous fabriquer une nouvelle zone de confort, en bas. Il faut en sortir. Urgence. Je m'en ouvre à Köbi. Il est d'accord.

De retour, nous croisons un groupe de porteurs, menés par un Autrichien, Christian Stangl. Petit, ramassé, celui-ci a mis au point un style : le skyrunning. L'idée, c'est d'aller vite, vite, comme une fusée. Entre 2002 et 2007, il a escaladé sept montagnes en un total de 58 heures et 45 minutes. L'Everest en seize heures. Il se vante d'atteindre un rythme cardiaque de 164 pls/min, et se motive, dit-on, en récitant des répliques en russe du film *Octobre rouge*. Köbi discute avec lui : Stangl explique comment il va faire, il est volubile, survolté. Il a calculé le nombre d'heures. Il va battre le record de vitesse sur le K2, il en est certain. Il a la baraka : le 25 mai 2006, jour où il est monté sur l'Everest, un autre alpiniste est mort et un Australien a disparu sur les mêmes pentes.

Le lendemain, Cathy nous prévient : une fenêtre se présente, grand beau annoncé. C'est parti. Je regarde la montagne et je me dïs : *Veel Geluck*, en afrikaans.

11

L'épreuve

Les nuages ont disparu. Benedikt Böhm et un de ses amis américains nous suivent, empruntant nos traces. À quatre, nous gagnerons du temps et de l'énergie. Nous partons en pleine nuit. Cette fois, il y a du monde : les expéditions ont eu le temps de s'acclimater. Nous grimpons sans arrêt, droit vers le col. Mais le vent, d'une puissance colossale, nous cloue à la pente. Des tourbillons creusent la neige, raclent la roche, nous giflent constamment. C'est de la folie, la montagne est furieuse, dirait-on, elle hurle. Des plaques de neige immenses se forment. Beaux édredons blancs, pièges mortels. Pas question de s'aventurer là-dessus. Une libellule ferait tout craquer.

Nous sommes à 7 700 mètres, à un demi-kilomètre du camp 3. Mais nous revenons sur nos pas, une fois de plus. Benedikt Böhm chausse ses skis, et s'élance. Il disparaît dans le blizzard, petite silhouette effacée par la furie des vents. En arrivant au camp de base, il décidera de renoncer. Défier la montagne ne sert à rien dans ces conditions.

La visibilité est réduite au minimum. Le problème, maintenant, c'est la possibilité de chuter dans une crevasse. Normalement, la meilleure façon de se protéger est de scruter le relief, de chercher les changements de surface, de détecter les renflements suspects, les variations de densité, et, pour faire bonne mesure, de sonder la neige avec son bâton. Et si, d'aventure, toutes ces précautions sont inutiles, quand on se sent basculer, il faut écarter les bras et s'arranger pour éviter de plonger la tête la première. Un homme tombant comme une flèche est perdu. Coincé dans cette glace qui le retient mais que la chaleur de son corps fait fondre, il est condamné à sombrer au cœur du glacier.

Je connais toutes ces raisons, je suis familiarisé avec la technique des bras écartés.

Et, au moment où le sol se dérobe sous mes pieds, mon corps réagit par réflexe, comme prévu.

C'est l'affaire d'une seconde. Je suis en train de passer un pont de glace dissimulé sous une couche de neige quand brusquement, je chute. Au moment de tomber, curieusement, tout ralentit dans ma tête. Je vois clairement mes jambes traverser la couche de neige et s'enfoncer dans l'abîme de la crevasse. Comme si j'avais des yeux accrochés aux pieds… J'écarte les bras d'un coup sec. Je me retrouve suspendu au-dessus d'un gouffre noir, une fissure sans fond. Dans un réflexe, j'ancre mon piolet dans la glace puis je trouve un point d'appui avec mes crampons. Grâce à ces trois accroches, mes bras écartés, mon piolet et mes crampons, je parviens à m'extraire de la crevasse. Köbi n'a rien vu. Je dois me débrouiller seul. J'ai quelques secondes devant moi, guère plus. Dans la position où je suis, je peux juste balancer mon corps en arrière pour trouver un appui. J'essaie. J'essaie encore. Par chance, mes crampons accrochent. Je m'en sors, essoufflé. Un petit pas, et j'ai failli mourir. La vie, en altitude, ne tient qu'à un cheveu. Je repars dans la trace de Köbi. Je n'ai pas eu le temps d'avoir peur.

En cet été 2010, une rumeur court chez les sherpas : la montagne a besoin d'un temps de respiration, elle préserve son sommet. Néanmoins, avec Köbi, nous allons essayer de faire une dernière tentative. Je vais avoir quarante-quatre ans et j'aimerais fêter mon anniversaire sur le Broad Peak. Heureusement, le beau temps se maintient et chacun fourbit piolet et crampons. Les trois Basques, Alberto, Juan et Mikel, s'élancent. On se donne rendez-vous au premier pic : si je les aperçois et si je suis en forme, je les filmerai.

Nous laissons la plupart des expéditions partir. Nous, de notre côté, nous allons récupérer pendant deux jours. Vu leur parcours, nous serons là-bas en même temps. Le 16 juillet, au petit matin, nous nous équipons. Köbi entonne à pleins poumons *Viel Glück zum Geburstag*, l'équivalent allemand de *Happy Birthday to you*. Il se met même à yodler, la vache ! À chanter comme les Tyroliens. Il y a des vocalises, en altitude, qui sont dangereuses. Je crains un instant que la montagne nous tombe dessus. Mais peu importe : je suis heureux comme un gosse. Nous partons avec le sourire aux lèvres.

Arrivée au camp 1 : pas de problème. Nous passons rapidement. Camp 2 : les choses se gâtent. Il y a du monde. Les risques, du coup, se multiplient, personne n'a oublié la tragédie de 2008 : bousculades, éboulements, avalanches. Nous décidons de dépasser les hommes encordés, qui progressent lentement. Nous sommes plus légers, libres de nos mouvements.

À 7 200 mètres, la fatigue se fait sentir. La nuit tombe, et nous grimpons depuis ce matin. Faisons une pause. Fabrizio Zangrilli, alpiniste italien, se trouve là, au camp 3, avec ses clients. Il nous invite à entrer dans la grande tente où son expédition bivouaque. Il y a de la place. Sa proposition est bienvenue. Nous buvons du café, quel plaisir ! Nous nous réhydratons. Le froid, intense, nous incite à nous recroqueviller dans nos combinaisons. Nous discutons stratégie avec Fabrizio : il nous reste encore 800 mètres de dénivelé.

Fabrizio va attaquer cette nuit même, avec ses compagnons. Laissons-les partir en avant, ils feront la trace jusqu'au dernier col. Ils ont des porteurs, de l'oxygène. Une fois au col, nous pourrons mettre la gomme. Ils veulent démarrer à minuit. Nous suivrons une heure plus tard. En attendant, sommeillons.

Vers vingt-trois heures, personne ne bouge. Les minutes s'écoulent, rien ne se passe. Je consulte Köbi du regard. On bouge ?

On bouge. Nous fondons de la glace pour boire un thé, notre dernière boisson chaude avant l'ultime ascension. Nous mangeons aussi des céréales. Aussitôt, je me sens nauséeux. L'altitude sans doute.

Köbi part en avant, je suis trop vaseux. Les autres se mettent en train, s'équipent et se placent dans la trace de Köbi. Je vomis. Du coup, soulagé, je remonte la cordée rapidement. Je me retrouve bientôt derrière

Fabrizio, qui avance sans se retourner. Je lui demande de me céder le passage, ce qu'il fait, visiblement agacé. À l'approche des 7 500, l'air commence à manquer, mais notre rythme est régulier. Il reste encore un versant qui monte abruptement, avec une pente de 45 degrés. C'est le moment de mettre en œuvre tout ce que j'ai appris. Lever le piolet, trouver la prise, se hisser, souffler, compter un pas, recommencer. La progression, très pénible, s'effectue au millimètre. Le col est là, juste au-dessus de nos têtes. Avec nous, il y a deux Basques, dont Tamayou, un grimpeur très réputé, et, plus loin, à 300 mètres, une vingtaine d'alpinistes. Je regarde derrière. La caravane ralentit. Köbi choisit de monter sur un dévers qui débouche ensuite sur une étendue de glace. Il me fait signe :

— Super, la neige s'est bien transformée, la dernière couche qui vient de tomber colle bien, c'est ouvert ! On passe !

Devant nous, un goulet. Nous choisissons de grimper à gauche. La neige, durcie par le vent et le gel, adhère. La perspective de réussir, d'être près du but, nous donne des ailes. Nous montons à la verticale. C'est un passage délicat, mais qu'importe ? Encore deux rochers, voici le col. La joie m'inonde. Le sommet est à notre portée. Köbi m'attend. Il me sourit, le visage rougi par le soleil. Il part en avant. Je veux profiter du spectacle. Je ne m'en lasse pas. Devant moi, j'ai un chef-d'œuvre de la nature.

L'arête finale, étroite et longue, s'étire vers deux sommets. Le premier est à 8 000 mètres, le second à 8 047 mètres. Entre les deux, une heure et demie à deux heures de marche, si les conditions sont bonnes. D'un côté, la Chine, falaises escarpées, couloirs vertigineux, corniches larges de plusieurs mètres mais fragiles. De l'autre, le Pakistan, mélange de roches et de neige. Attention aux fissures, me dit Köbi, à cause de la différence de température entre la roche et la glace. Où sont les Basques ? Impossible de savoir. En revanche, la cordée de Fabrizio rebrousse chemin, à l'exception d'un seul homme. Trop dur, trop dangereux. Les minutes s'écoulent, je reste là, admiratif. Finalement, je me remets en route. Le manque d'oxygène m'oppresse, j'ai conscience de ma vulnérabilité, mais de façon vague, détachée.

Köbi arrive au sommet. Il redescend aussitôt, suivi par les Basques, 200 mètres derrière lui. Quand je le croise, il a l'air vraiment fatigué. Une fatigue profonde qu'on lit dans ses yeux. Il se tourne vers moi, engoncé dans sa combinaison :

— Je ne t'attends pas, Mike. Je suis crevé. Si je ne descends pas en vitesse, je sens que je vais y rester. Fais gaffe à la corniche, reste près de la roche, OK ?

— Vas-y. Les autres ont déjà fait demi-tour. Tu pourras te reposer au camp 3.

Il disparaît.

Moi, au sommet, je reste assis dans la neige. Le temps passe sans que j'en aie la moindre conscience. Une heure, deux heures ? Qui sait ? Impossible de fixer mon attention sur le cadran de la montre. Je suis perché au sommet du monde, il n'y a plus rien au-dessus de moi. Sauf le ciel. Je regarde le K2, j'identifie la voie que nous allons bientôt emprunter, je me sens lucide, je flotte, je suis proche d'une euphorie étrange. Je ne m'attarde pas. Je décide de rentrer. Je descends sur cette arête si escarpée entre Chine et Pakistan, puis remonte dans la direction du « faux sommet ». En arrivant, je repère des points de couleur, plus bas : les Basques. Je sors ma caméra, je les filme. Le temps passe. La lumière change. Elle baisse. Il est temps de rentrer. J'ai envie de rester là, mais mes pensées sont un peu floues. J'évolue dans une sorte de rêve.

Allez, il faut redescendre.

Sur l'arête, un homme est là, figé, prostré. Sa peau est bleue. Je n'ai pas le temps de lui demander quoi que ce soit : je tente de le raisonner. Il faut le tirer de son hébétude. S'il reste là, il va tomber en hypothermie.

— Ne reste pas là. Retourne. Allez, debout, je vais t'aider.

Il me regarde d'un œil vitreux. Son état est critique, je le vois. Toute mon euphorie de tout à l'heure disparaît. Il grogne :

— Fous-moi la paix ! Je dois aller au sommet.

— C'est trop loin. Tu n'y arriveras pas.

— Je te dis que je veux... Le sommet !

Il délire. Je sens que le manque d'air m'oppresse. Impossible de traîner ici. Il faut repartir. De nouveau, je repense à l'homme que j'ai voulu aider trois ans plus tôt, en 2007, sur le G1. Les images me reviennent. À cette hauteur, oui, on est vraiment seul...

— Allez, on y va !

J'essaie de le tirer, mais il se débat. Il n'est pas en état. Il n'est pas question, pour lui, d'atteindre le sommet. Pas aujourd'hui.

— Écoute, on retourne au col, tu te reposes et tu verras.

Il se redresse. Un éclair de lucidité ? L'épuisement ? Je l'aide, et nous repartons. Je sais, à cette altitude, que je devrais descendre sans m'occuper de lui, mais si je le laisse, il s'endormira.

Par miracle, il arrive à avancer seul. S'il trébuche, jamais je n'aurai la force de le remettre debout. Je peux juste le guider. Le col, fort heureusement, n'est pas loin. Une demi-heure tout au plus. Parvenu là, sans un mot, le Russe déballe son duvet et s'enroule dedans. La vallée est déjà noyée dans l'obscurité. Plus bas, dans la pénombre, j'aperçois les Basques en pleine descente. Ils tirent vers le camp 3. Je calcule mon parcours : voilà huit heures que je traîne, au-delà de la limite de 7 500 mètres. Pas question de se laisser aller. Il faut descendre.

Descendre. Descendre.

Les traces laissées par Köbi me servent de repères. La neige tient bien, l'obscurité permet quand même de distinguer les rochers, le froid devient aigu, mais je suis en terrain familier. Le faisceau de ma lampe me suffit. Je franchis la paroi verticale, la pression atmosphérique devient meilleure, mon esprit se remet à fonctionner. La crevasse dans laquelle je suis tombé l'autre jour est restée béante. J'ai une pensée amusée pour cet incident, j'avance à bonne allure en direction du campement, qui se trouve à 500 mètres en contrebas.

Quand j'y arrive, je constate que les Russes sont là. Ils sont en train de manger quand je les préviens. Il faut aller chercher leur copain, qui s'est endormi au col. Moi, je ne veux pas m'attarder, même pour manger. Köbi doit sans doute approcher du camp de base. Il me reste 2 kilomètres de dénivelé.

Je repars dans la nuit.

Deux heures plus tard, j'aperçois une lueur. C'est

Jan, dans la vallée, qui agite une lampe pour me montrer qu'il m'attend. Son attention me va droit au cœur. L'altitude diminue, l'effort aussi. L'oppression disparaît. Mes jambes s'allègent. Mais ce n'est pas le moment d'être inattentif. En arrivant au couloir qui précède le glacier, un bruit de ruissellement m'alerte. Il a fait beau et chaud dans la journée, la glace a fondu et a créé une cascade. Je pourrais bivouaquer, attendre que la paroi gèle à nouveau cette nuit, mais le campement est trop près, j'ai hâte d'en finir. En passant devant la cascade, j'avale goulûment de l'eau. Coup de fouet. Je repars revigoré.

Quelques dizaines de mètres plus bas, je vois surgir notre cuistot. Il brandit une Thermos de thé et un sac de biscuits secs. Il n'a pas hésité à franchir le glacier, avec ses mauvaises chaussures, pour venir à ma rencontre. Je mange avec avidité. Köbi est arrivé depuis des heures, et m'attend aussi. Merci, Jan… Merci mille fois.

Roulé dans mon sac de couchage, je vibre de toute cette énergie dépensée. Trente heures pour l'aller-retour. Je suis exténué. Mon organisme est électrifié par l'adrénaline. Tous mes capteurs sont à vif. C'est comme un écho qui va en s'affaiblissant : petit à petit, la tension retombe, la pression interne des cellules du corps s'équilibre, le sang se fluidifie, les pensées se calment. Mais dès que je ferme les yeux, je revois l'ascension, les rochers, les efforts, le piolet, le Russe, le ciel, le vent, les Basques, tout se mélange, tout est brassé dans une même émotion. Sur mes premières ascensions, en 2007, j'étais sidéré par la montagne. J'ai compris, depuis, que l'escalade est différente de l'effort exigé dans la jungle ou dans l'Arctique. Ici, c'est une bataille sans fin contre l'épuisement. Il faut tout donner en un temps bref. Mais l'émerveillement est puissant, l'état de grâce incroyable.

Il me reste à affronter le K2. Je m'endors, la tête dans les sommets du monde.

Le bruit des brûleurs ronflant à pleins gaz me réveille. Köbi et Jan m'attendent au mess. Devant eux, un gâteau où le cuistot a inscrit en lettres de confiture : « *Happy Birthday, Mike, congratulations on your summit*[1] ». Surprise totale ! J'ignore comment il a fait pour cuire la pâte. Sans four, à 5 000 mètres, c'est un exploit ! Un vrai ! Et ce n'est pas fini : il y a une autre surprise. Il m'offre triomphalement une bouteille d'alcool de sa fabrication. Il faut savoir que l'alcool est interdit au Pakistan, et il n'est pas question d'en acheter sur place. Notre cuistot a donc eu recours au bon vieux système D.

Il a fait le tour des tentes, et ramassé tous les fruits secs qu'on a bien voulu lui donner. Quand il a eu assez d'abricots, de figues, des raisins secs, il les a plongés dans un récipient en plastique, a ajouté de l'eau et du sucre, vidé de l'eau bouillante là-dessus, et, pour éviter que le froid stoppe la fermentation du nectar, a dormi contre le bidon, enveloppé dans une couette. Puis il a fait réduire le mélange dans une vieille cocotte, a obtenu un concentré, a inventé un alambic de fortune avec un tube à perfusion. Résultat : du schnaps.

Mieux que le Roederer Cristal millésimé.

Le bonheur.

1. « Joyeux anniversaire, Mike, bravo pour ton sommet ».

Au-delà des 8 000 mètres

Avec mes compagnons d'aventure, nous décidons de gravir quatre 8 000 mètres à la suite. Sans oxygène, sans porteurs, sans cordes. En style alpin, le plus pur ! Ici, pendant l'ascension du Gasherbrum 2 (8 035 mètres), avec, en arrière-plan, le Gasherbrum 1 (8 068 mètres) que je viens de grimper.

Nous nous contentons de micronuits – cinq minutes, un quart d'heure, une heure – en position assise, recroquevillés sur nous-mêmes.

Je suffoque, je brûle,
je gèle, je m'émiette.
Et soudain,
j'y suis. En haut
du Gasherbrum 2 !
Je ne sens plus
mon épuisement.
Je brandis une fausse
bouteille de champagne,
heureux comme un gosse.

Au camp de base du Broad Peak, notre prochaine ascension, l'ambiance est morne. Une cordée de Coréens a été balayée par le vent sur l'arête finale. Dix personnes sont mortes. Nous réussirons l'ascension (8 047 mètres) de cette montagne épuisante qui donne l'impression de nous narguer avec son pré-sommet et sa cuvette géante.

Mon enfance en Afrique du Sud

Nous sommes quatre frères et sœurs.
Jamais nos parents ne nous disent :
«Tu ne peux pas faire cela.»
Ils nous donnent
la possibilité d'essayer.
Ils fabriquent des enfants autonomes.

Avec ma sœur Linda. Bientôt j'aurai mon vélo et on ne
m'arrêtera plus…

Avec mon père, Michael Horn,
directeur d'école, professeur
de sport et rugbyman. Avant
de mourir, à 43 ans, il m'apprend à voir au-delà du mur.
Son plus beau cadeau.

Aventurier de l'extrême

1999. C'est décidé. Je ferai le tour de la Terre le long de la ligne de l'équateur. Seul. Sans moyen de transport motorisé. Dans la jungle amazonienne, j'ai déliré pendant quatre jours, après avoir été empoisonné par un serpent, mais je m'en suis sorti. J'ai chassé le caïman pour me nourrir : très comestible !

2003. Le projet Arktos peut démarrer : 20 000 km autour du cercle polaire arctique. En traversant la calotte glaciaire groenlandaise en quinze jours et huit heures, j'établis un nouveau record.

2006. Avec l'explorateur norvégien Børge Ousland, nous avons relié le pôle Nord en hiver, sans assistance ni ravitaillement. Deux mois de traversée dans un noir total et des eaux glacées. La bouche de l'enfer…

Cathy et mes filles, les amours de ma vie

Cathy est mon ancrage dans ce monde. Ma croix du Sud. Même quand j'ai la tête près des étoiles, elle est avec moi, douce et attentive.

Avec nos deux filles, Annika et Jessika, pendant notre expédition sur l'île de Bylot, en 2005. Mes parents m'ont transmis de la force, de l'enthousiasme, je léguerai la même chose à mes filles. En leur prodiguant une bonne éducation, Cathy leur a donné des ailes. J'essaie, de mon côté, de leur apprendre à s'en servir.

Le K2, la montagne des montagnes

Islamabad, la marche d'approche avec les porteurs, le camp de base… L'ascension du K2 est considérée par les alpinistes comme la plus périlleuse au-delà des 8 000 mètres. Avec ses 8 611 mètres, le K2 est aussi le deuxième plus haut sommet du monde, juste après l'Everest. En moyenne, un grimpeur sur cinq y laisse la vie.

Quand une avalanche se déclenche, comme ici sur la «Cesen Route», au pied du K2, le vent souffle jusqu'à 300 km/h.

Au camp 2 du K2, avec Köbi Reichen, un grimpeur au style épuré. Il évolue avec aisance et a toujours le souci de l'autre. En arrière-plan, le spectaculaire glacier Godwin-Austen.

À mes côtés au camp 1, Fred Roux, un amoureux de la vie qui apporte une énergie folle à nos projets. Mais aussi un alpiniste extrêmement rapide au-delà de 8 000 mètres. Solide comme un roc, il pousse la performance jusqu'à se brûler les poumons.

Au-dessus de 7 500 mètres, on entre dans la « zone de mort ». Quand on atteint cette limite, en montagne, sans masque à oxygène, le cerveau se déconnecte. Les heures sont comptées. Impossible de survivre au-delà de vingt ou vingt-quatre heures d'affilée. En 2010, lors de notre première tentative, personne ne vaincra le K2. Trois ans plus tard, la montagne, de nouveau, ne nous laissera pas passer.

Transmettre

Depuis mars 2008, j'emmène des jeunes dans des terres d'aventure : le désert, la montagne, la jungle, la mer… Avec une seule idée : leur faire prendre conscience de la fragilité de notre planète. C'est le projet Pangaea, du nom du voilier que j'ai fait construire. Ici, en Inde – où l'on a aidé à bâtir une école –, dans les dunes de sable du désert de Gobi en Mongolie et sur la banquise du Groenland.

À Monaco, en 2012, pour fêter la fin de l'expédition Pangaea. Sur le bateau, le prince Albert, fidèle soutien de mes aventures. Ci-dessus, autour de moi, Cathy, ma femme, Blanche, ma mère, et Martin, mon frère. Après la mort de Cathy, j'ai compris combien avoir une famille soudée est précieux.

Je suis un homme d'action, bien plus qu'un coach, mais j'aime l'idée de transmettre. En 2014, au Brésil, juste avant le début de la Coupe du monde, j'embarque l'équipe de football d'Allemagne sur le *Pangaea*. Ce ne sont plus des virtuoses du ballon rond mais des hommes confrontés à un élément imprévisible, l'océan. Pas question de lâcher la manivelle ou de ralentir la manœuvre. Le caractère des hommes se dévoile. La vraie victoire est là, dans le sentiment de progresser et de grandir ensemble.

Retour dans l'Himalaya

Avril 2014. Avec mes complices, je pars à l'assaut du cinquième sommet du monde, au Népal : le Makalu (8 481 mètres). C'est une montagne majestueuse, solitaire. Très exposée aux vents, elle est réputée éprouvante à cause des températures polaires qui y règnent en altitude. Nous monterons jusqu'au sommet. Je ne le sais pas, mais c'est ma dernière aventure avec Cathy. Aujourd'hui, je la lui dédie.

Peu de temps avant de mourir, le célèbre alpiniste Edmund Hilary, le premier à avoir gravi l'Everest, le 29 mai 1953, m'a envoyé un billet de cinq dollars à son effigie, heureux, disait-il, que d'autres continuent l'aventure. Il m'a appris que l'espoir d'arriver un jour en haut d'une montagne doit toujours rester vivant.

Toucher les étoiles…

Été 2015. Je tente une nouvelle
fois le K2, fêtant, au passage,
le 16 juillet, mes quarante-neuf ans
– mon quatrième anniversaire
dans les montagnes du Pakistan.
Pour cette expédition, mes filles
m'ont accompagné jusqu'au camp
de base, à 5 000 mètres. Tous trois
ressentions le besoin d'être ensemble.

Chacun de nous, dans sa vie,
a son propre K2 à gravir.
Si on ne lâche rien, et qu'on prend
les bonnes décisions, on peut trouver
les solutions. L'important c'est d'essayer,
de ne pas rester sur un échec.
Comme moi qui ne suis pas toujours arrivé
au sommet, il faut continuer de se battre.
En gardant les pieds sur terre…
on peut toucher les étoiles.

Dans la matinée, nous plions nos tentes. Les porteurs nous attendent. Au camp de base, je vais expédier les photos du sommet, lire les messages, parler avec Cathy, enfin. Voir son visage... Lui dire combien elle m'est précieuse.

Notre euphorie est malheureusement entamée. D'une sale façon. Un porteur de l'expédition dirigée par Fabrizio vient nous avertir qu'il faudra payer pour les cordes fixes – dont nous nous ne nous sommes pas servis. Nous grimpons, rappelons-le, sans cordes ni harnais. Pire : une rumeur court, assurant que nous ne sommes pas parvenus au sommet. Quelqu'un, visiblement, nous en veut de quelque chose. Les conditions étaient, paraît-il, trop mauvaises pour réussir. Pourquoi faut-il toujours qu'il y ait une personne pour baver ? Nous sommes en colère, attristés. La bassesse est insupportable.

Pour achever de plomber l'ambiance, le ciel est bas, le froid humide, un vent tenace nous glace. Cathy s'inquiète. Je la rassure. Mais nous tournons en rond, dans l'attente d'une éclaircie. Cette amélioration n'arrive pas. Seule consolation : des visiteurs viennent nous voir, pour nous féliciter d'avoir ouvert le Broad Peak cette année.

Nous visons maintenant le K2. C'est le deuxième plus haut sommet du monde : 8 611 mètres, après l'Everest. Le K2 a un surnom : « la Montagne sauvage ». L'ascension est redoutable : en 1986, sur 91 alpinistes, 13 ont trouvé la mort. Exploré pour la première fois en 1856 par Henry Haversham, topographe britannique converti au bouddhisme, aristocrate dont la lignée, disait-il, comprenait Guillaume le Conquérant et Charlemagne, le K2 a été gravi jusqu'au sommet en 1954, par Ardito Desio, géologue envoyé par l'État fasciste dans les années 1930 pour explorer la Libye, l'Inde, le Tibesti. La deuxième réussite attendra 1977. Depuis, rares sont ceux qui ont la ressource et la chance d'atteindre le sommet. Gerlinde Kaltenbrünner, avec laquelle nous avons sympathisé il y a quelques semaines, au camp de base, nous propose de grimper ensemble. Elle est entourée de son copain, Ralph Dujmovits, qui a déjà une quarantaine d'expéditions dans l'Himalaya au compteur, et de Fredrik Ericsson, venu avec son compagnon Trey Cook. Ralph restera en bas, les autres vont se lancer. Si les conditions le permettent, nous tenterons tous de passer par la voie Cezen, au lieu de la ligne des Abruzzes. L'idée est d'employer la même tactique qu'ailleurs : aller vite, avec légèreté. Nous planterons une tente aux environs des 8 000, dans la zone de mort, pour y dormir quelques heures avant d'affronter les derniers 600 mètres.

La neige se met à tomber en abondance. Un malaise durable me pèse sur les épaules. Nous sommes au Pakistan depuis deux mois et demi. Je sens que quelque chose s'est cassé. Cathy m'a informé que les prévisions météo à long terme ne sont pas favorables. Je consulte Köbi : il est victime de cette fracture, lui aussi. Il « ne le sent pas ». Moi non plus. Notre décision est prise : nous rentrons. Tant pis pour le K2. Mario, lui, veut tenter une nouvelle fois l'ascension. Quand nous nous croisons, il me dit qu'il a un problème avec son système de com. Je lui prête mes panneaux solaires I-land. Il me les rendra en Italie, à une heure de chez moi.

Cette année-là, personne ne vaincra le K2.

J'ai un goût amer dans la bouche. Je sais, depuis longtemps, que lorsque les hommes sont confinés dans des espaces réduits, ou forcés à une cohabitation difficile, les conflits s'enflamment facilement. Sur un bateau, dans une forêt, sur une montagne, le moindre dérapage psychologique prend des proportions terribles. Les querelles de personnes ont tué, dans l'histoire des escalades. Des dissensions simples se sont muées en guerres épouvantables, des alpinistes menaçant même de couper les cordes de leurs adversaires, pour les faire chuter. Nul doute que certains ont mis leur menace à exécution... Jalousie, haine, concurrence, ego, je ne veux rien de tout ça dans ma vie. Je n'ai pas besoin de ces sentiments bas pour m'alourdir. Je tourne la page et je m'en vais.

Le 6 août, alors que nous sommes en train de faire nos bagages, Gerlinde, Fredrik et Trey partent. Ralph surveille d'en bas. Les trois grimpeurs arrivent au camp 4, à 8 000 mètres, puis repartent en pleine nuit. Les conditions sont correctes ; avec une neige légère, une bonne visibilité, un vent soutenu mais tolérable. La température, – 20 °C, est supportable. Au petit matin, juste avant d'atteindre un goulot qui mène à l'arête nord, Trey fait demi-tour. Il a les mains qui gèlent. Les deux autres montent, dans un brouillard qui s'épaissit. À mi-chemin, Fredrik tente de pitonner, mais un rocher se déloge, lui tombe dessus, et il fait une chute de 1 000 mètres. Gerlinde n'a pas le temps de réaliser ce qui se passe. Elle entend un cri, et voit le corps de son ami qui passe devant elle, dans une pluie de roches. Elle est clouée sur place. L'an passé, elle a assisté, sur le K2, à une autre chute mortelle. Elle redescend. Par radio, elle prévient Ralph. Elle sait qu'un miracle est improbable. Et, en effet, le corps de Fredrik a été repéré aux alentours du camp 3. Prévenu le lendemain, son père demande qu'on le laisse là, dans cette montagne qu'il aimait tant. Mais pour Gerlinde, c'est fini, cette saison. Elle reviendra en août 2011 – et, cette fois-ci, réussira.

Je n'ai jamais revu Mario Merelli. Il est mort le 18 janvier 2012, sur l'un des pics du Pizzo Redorta, non loin de Bergame. Je l'aimais beaucoup. Avec son large sourire, son visage d'enfant, sa paix intérieure irradiait. Il n'avait pas besoin de faire des discours, il lui suffisait d'être là, dans la montagne, buvant son espresso et fumant sa clope, et le reste n'avait pas d'importance. Sa vie se résumait à l'instant présent, aux amitiés, aux cimes. Il était à mille lieues de tous les petits arrangements et des bassesses de certains alpinistes…

À propos de petits arrangements, la saison 2010 aura, à mes yeux, une conclusion ironique. Car, quelques jours après notre retour, une photo apparaît sur les réseaux sociaux : celle du skyrunner Christian Stangl. La légende explique qu'il s'agit de notre homme, posant au sommet du K2 le 12 août 2010. Il a accompli son exploit en soixante-dix heures. Bravo, donc. Sauf que d'autres alpinistes, derrière lui, ont relevé l'absence d'empreintes sur le tracé que Stangl dit avoir suivi. De même, à son retour, il n'a pas semblé fatigué. Le doute s'installe très vite. Moi-même victime de la calomnie, je me garde bien de tout jugement.

Mais, un mois plus tard, Stangl avoue qu'il a

« juste imaginé » être parvenu au sommet. La cause de cette illusion : le stress, la déraison de l'altitude, la peur de l'échec, dit-il. Sa confession, sur l'ORF, la chaîne de télé autrichienne, laisse tout le monde en état de choc. Les mensonges sont monnaie courante, mais pareil aveu est unique.

Drôle de monde, quand même. La culture du spectacle envahit tout. Pour un peu de notoriété, pour quelques minutes de télévision, pour une médaille, des hommes sont prêts à salir ce qu'il y a de plus beau.

12

No limit

En me dépouillant de tout, en quittant mon pays, j'ai joué gros.

Mais je ne regrette rien.

1992. Deux ans maintenant que je suis en Suisse. Et chaque matin, je me lève avec le bonheur de voir Cathy. Je me suis trouvé, d'une certaine manière.

Tous les jours, quelque chose de nouveau : exploration d'une vallée voisine, rendez-vous avec un nouveau client, randonnée sur les sommets... L'imprévu me guide.

Et j'aime ça.

À Château-d'Oex, ma réputation grandit. La rumeur me suit : Mike Horn ? Un gars qui n'a pas froid aux yeux, et qui est fou de sport. Sous-entendu : un peu dingue.

Voilà qui me convient très bien.

La rumeur a du bon : elle parvient aux oreilles des responsables d'une firme italienne, Sector, qui produit des montres dont le slogan est « *No Limits* ».

L'idée d'être « sans limites » est faite sur mesure pour moi. Depuis une dizaine d'années, l'entreprise sponsorise des athlètes de sports extrêmes et son écurie est composée de champions hors normes. À Chamonix, Sector a filmé le premier Français qui a descendu des rapides dans l'Everest en hydrospeed. Les meilleurs, dans chaque discipline, sont recrutés, quel que soit le domaine : voile, chute libre, alpinisme... Pour les gens de Sector, je suis un outsider inconnu du grand public, mais j'ai déjà ma marque de fabrique. Je suis le gars un peu dingue qui fait des trucs un peu dingues dans des endroits complètement dingues. Ils me classent dans la rubrique « À suivre ».

Ils me donnent rendez-vous à Martigny, non loin de la frontière italienne. Au téléphone, ils m'expliquent qu'ils veulent des photos de mes exploits. Je n'en ai pas. Un article de presse, peut-être ? Non. Je n'ai jamais pensé à faire de la publicité, ce n'est pas dans mes gènes. Je fais les choses parce que j'ai envie de les faire, voilà tout. C'est un désir, une nécessité, une façon de vivre. Je n'ai qu'une chose à offrir : moi-même, en chair et en os. Je décide d'aller au rendez-vous tel quel.

Mais comment me rendre là-bas ? Cathy, qui fait la baby-sitter pour une famille italienne, utilise la voiture de ces gens, mais ne pourra pas me conduire très loin. Pour me rendre à Martigny, petite ville sur la Dranse, j'ai 65 kilomètres à parcourir. Les Italiens, eux, viendront depuis Milan en voiture par le col du Grand-Saint-Bernard. C'est un bon point de chute : Martigny est une ville très sportive, où il y a des clubs de lutte, de cyclisme, de base-ball, de hockey, de volley, de basket, de foot... C'est dit : j'irai à vélo. En quatre heures, je devrais y arriver, malgré les grimpettes. J'emmène un peu de matériel sur mon dos : palmes, planche, combi.

À l'heure dite, je suis sur place. J'avise deux hommes au Café de la Gare, visiblement des publicitaires : Ray-Ban, veste légère, look élégant et décontracté. Des publicitaires. Je m'approche, je me présente. Ils me dévisagent : ce qu'ils voient ne leur plaît guère. Devant eux, ils ont un gars ruisselant, essoufflé, vêtu d'un vieux T-shirt et d'un blue-jean pourri. Deux mondes se font face, au Café de la Gare de Martigny.

Ce sont ces gars-là que je dois convaincre. Ils font la gueule.

L'un d'eux, Dario, est responsable du casting pour la publicité qu'il veut tourner. Légèrement désap-probateur devant mon look, il regarde l'heure d'un mouvement de poignet. Visiblement, il me considère comme un minable. Il se demande s'il a bien fait de se déranger. Il ne le dit pas, mais il le pense : Sector n'a rien à voir avec des gens comme moi. Il s'imaginait sans doute un aventurier avec une saharienne, bronzé, le regard perdu vers les cimes, avec des mocassins en peau de gazelle, un brushing soigné, au volant d'une décapotable. Il n'a qu'un interlocuteur transpirant, à vélo. Il pose ses Ray-Ban sur la table. Je vois dans ses yeux que le gars est déçu. Il n'a qu'une seule idée : repartir. Il se penche vers moi :

— Je n'ai pas beaucoup de temps. Montre-moi des photos.

— Je n'en ai pas.

— Des articles ?

— Non plus.

— Un curriculum ?

— Pas plus.

— Alors ?

— Alors j'ai apporté mon matériel. À quinze minutes d'ici, il y a une cascade.

Les sportifs, en général, disent qu'ils passent des cascades de 15 mètres. Moi, j'ai plutôt tendance à doubler.

Inutile de chercher à les convaincre que je suis un bon. Il faut le leur montrer.

Je suis prêt pour la démonstration. L'hydrospeed est une discipline amusante. Avec un flotteur qui ressemble à une petite luge – en l'occurrence, c'est mon demi-kayak bricolé – l'hydrospeedeur descend une rivière ou un torrent. Le danger, c'est la vitesse du courant, les rochers sur le parcours, les chutes d'eau et – pire que tout – les lâchers de barrage. Sensations intenses garanties, adrénaline maximum. Il y a des sportifs qui pratiquent la descente, d'autres le slalom ou le free-style, et des passionnés ont même mis au point une formule « marathon », soit 40 kilomètres !

Je suis nouveau dans cette discipline, mais déjà, je me débrouille avec enthousiasme. Je sais que les meilleurs sautent d'une hauteur de 12 à 14 mètres. Il m'est arrivé de passer des cascades de 22 mètres, seul, sans mes clients, évidemment. C'est largement au-dessus du record, mais je n'ai jamais cherché à être homologué, je n'en ai même pas parlé. La sensation me suffit. Et je ne planifie pas.

Dario hésite, son copain aussi. Mais ils ont fait la route, autant aller jusqu'au bout. De mon côté, j'ai envie de saisir cette opportunité. Je suis fatigué de manger des nouilles et des patates. La galère, c'est amusant un moment. Il est temps de passer à autre chose. Depuis que je suis arrivé en Suisse, j'ai été moniteur, vendangeur, bûcheron, guide, barman, vagabond. Un contrat avec Sector peut changer les choses. Je pourrais m'acheter un nouveau vélo.

Quand je vois les deux Italiens se demander ce qu'ils doivent faire, je leur dis la vérité, cash :

— J'ai besoin de ce contrat. On va à la cascade, vous faites des photos, vous verrez. Je ferai mieux que les autres.

Ils ont senti quelque chose. Ils ont en face d'eux un homme qui est décidé, qui ira jusqu'au bout. Ils me disent :

— On te croit. Pas besoin d'aller à la cascade. On signe avec toi.

Derrière ses Ray-Ban, Dario est apparu sous son vrai jour : un homme fiable, sincère, avec de solides valeurs humaines.

En me faisant confiance, il a changé ma vie.

Me voilà donc dans une autre catégorie. J'entre dans la case « Aventurier ». J'en fais ma profession. Je suis sponsorisé pour faire ce que j'aime le plus au monde – une chance quand même. Du coup, mon imagination se met à galoper. Je peux inventer des exploits inédits, suggérer des destinations au bout du monde, faire des projets insensés… Sector me suit. « *No Limits* », le slogan de Sector, semble avoir été inventé pour moi…

Pour la première campagne publicitaire, nous décidons de réaliser un exploit : aller du côté du mont Blanc en hydrospeed. L'Arve, rivière qui passe dans la vallée de Chamonix, se jette dans le Rhône après 107 kilomètres de parcours. Il y a des passages de torrent, des bassins calmes, des crues, une lame d'eau élevée et un débit important. Surtout, il y a des endroits spectaculaires.

Désormais, j'ai un bodyboard sur mesure. Plus question de se promener avec un demi-kayak. Mon nouvel instrument est une coque de mousse, avec une caméra. Je me fais une joie de réaliser ce parcours : l'eau a creusé des tunnels dans les glaciers pendant tout l'été, et le niveau a suffisamment baissé pour laisser le passage libre. Sector a aussi engagé un spécialiste, Cédric. Très vite, je constate que notre conception des choses n'est pas la même. Cédric est pointu dans son domaine, il connaît sa discipline sur le bout des doigts. Il est très technique, trop. Ma façon de faire est aux antipodes ; à force de pratiquer une multitude de sports, j'ai un regard plus large, la technique passe après l'intuition. Ma boussole personnelle, c'est le feeling. Les règles, c'est pour plus tard.

Je connais l'eau, certes. Mais aussi le vent, le désert, la neige, la roche, la pluie. J'ai un instinct de sauvage. Je n'analyse pas, je ne soupèse pas, je suis mon nez. Si celui-ci me dit que c'est bon, j'y vais. S'il m'indique que c'est douteux, je reste. Quand je saute, je me fais confiance : je sais que je peux gérer ce qui arrivera, même une mauvaise surprise. Mes sens sont en éveil. Souvent, j'ai l'impression que la nature environnante est mon propre prolongement...

Notre différence d'approche, avec Cédric, apparaît d'emblée, dès le premier jour du tournage. Il trouve toutes les excuses pour ne pas se lancer. Le temps qu'il se décide, je suis déjà parti. La rivière part en cascade, personne n'a vérifié le parcours. Tant pis, je me jette à l'eau. Juste pour le fun. Avec un soupçon de provocation, quand même. Tous ces atermoiements m'agacent. Et je sais que, seul, je m'amuse à faire des choses plus risquées. Avec Sector, je suis dans le luxe. Ces gens ne s'en rendent pas compte. Ils me fournissent un matériel sophistiqué, me donnent un cadre, me traitent comme un invité de marque. Café ? Voilà du café. Transport ? Monte dans le 4 × 4. Une petite fringale ? On a ce qu'il faut. Moi, je m'amuse...

Cédric descend les cascades les plus spectaculaires en rappel. Je les franchis en board. C'est extraordinairement excitant : je dévale des pentes de glacier, je plonge sous la glace, je me coule entre des rochers, je saute des parapets, je fonce, remonté à bloc. L'eau me fouette, la vitesse m'emporte, je suis une fusée sur le torrent. Le résultat est formidable : dans ma combinaison bleue aux marques jaunes, les palmes aux pieds, accroché à mon board rose, je chevauche des eaux qui tombent à pic entre des rochers noirs. « Il n'y a qu'une seule limite, celle qui est en nous », proclame la pub. Bien d'accord.

Les images feront partie des grandes pubs de Sector. Nous allons rester mariés dix ans.

Le contrat qui nous lie – 7 000 dollars par an – me permet enfin de me dégager des boulots saisonniers, de cette existence précaire soumise au bon vouloir des employeurs. Avec Cathy, nous avons envie de fonder une famille, de nous délivrer des soucis matériels. Non que ceux-ci nous entravent : nous sommes jeunes, heureux, libres. C'est le principal. Mais nos moyens réduits ne nous permettent pas de rêver en grand.

D'un seul coup, mes songes changent d'échelle.

Désormais, tout est ouvert. Je peux explorer le canyon le plus profond du Pérou – le Colca, profond de 3 400 mètres, 1 000 mètres de dénivelé, point culminant à 4 350 mètres qu'il faut rejoindre après un trek à partir du village de San Juan de Chuccho ; je peux descendre le río Pacuare au Costa Rica, 108 kilomètres avec des sections d'enfer, les rapides du Huacas ou du Cimarones, le tout dans la cordillère de Talamanca… Sector me soutient. Je ne les déçois pas : au passage, j'obtiens le record du monde de la plus haute chute d'eau en hydrospeed, un saut de 22 mètres.

Demandez-moi alors ma profession, et je réponds : heureux. D'autant plus heureux qu'en 1993 Cathy donne naissance à notre premier bébé, Annika. L'année suivante, c'est Jessica qui vient au monde. Il ne reste qu'une chose à faire, nous marier. Désormais, j'ai des responsabilités, il va falloir évaluer les risques d'une autre façon. Devenir père, c'est une autre aventure. Mes parents m'ont transmis de la force, de l'enthousiasme. Je léguerai la même chose à mes filles. J'ai choisi une manière de vivre, je vais continuer : je ne sais pas faire autrement. L'aventure, ce n'est pas juste un boulot ou un hobby du dimanche. C'est ce qui me fait avancer. C'est la matière même de mon être. Chaque fibre de mon corps, chaque parcelle de mon esprit, tout contribue à mon identité profonde. J'ai une conscience plus aiguë de ma charge de vie. Je vais continuer à aller là où personne n'est allé.

Mais…

Mais, maintenant, si je pars, je dois m'assurer que

je rentrerai. J'ai une femme et deux enfants. Même si elle comporte des risques, ma passion doit aussi devenir un métier.

En 1995, avec deux copains, je crée No Limits, un centre de sports extrêmes dans le Valais. Très vite, l'idée plaît : on me sollicite régulièrement pour assurer des formations en Suisse, en France, en Italie. Je remarque que certains guides de montagne, qui veulent intégrer des notions de canyoning, ont tendance à nager comme des enclumes, mais qu'importe ! Ils ont la flamme. C'est ainsi que je rencontre Jean Troillet et Fred Roux. Nous affronterons l'Himalaya ensemble, un jour.

Deux ans plus tard, grâce à Sector, je monte ma première grande expédition : la traversée de l'Amérique du Sud. En solitaire. En six mois. Ça commence avec la traversée des Andes, 500 kilomètres à pied, pour gagner la source de l'Amazone que je descendrai en hydrospeed. Le défi est tentant : c'est le plus long fleuve du monde (avec le Nil) : 6 437 kilomètres, un débit à l'estuaire de 209 000 m^3/seconde, une source dans les Andes péruviennes, une embouchure à l'estuaire du Tocantins, sur l'océan Atlantique. Des îles, des cascades, des vagues...

J'y vais.

Je me suis blessé : genou démonté dans un accident de voiture. Finalement, je me dis que circuler sur les routes d'Europe est infiniment plus risqué que de se promener dans le Matto Grosso. Je récupère vite. Désormais, avec Cathy, nous avons trouvé le bon équilibre : elle s'occupe de la logistique et des communications quand je suis au loin. Elle est sur le qui-vive, elle fait le point météo, aplanit les difficultés, alimente le site Internet, se met en relation avec les médias.

C'est sur mon hydrospeed, après six mois de descente, que j'ai l'idée de mon prochain défi : latitude zéro. Où suis-je alors ? Dans l'embouchure de l'Amazone – 321 kilomètres, une vraie mer – ou déjà dans l'Atlantique ? Les berges sont à 150 kilomètres, je ne les vois pas. Impossible de savoir. Il y a des courants, des marées, qui dégagent parfois des bancs de sable sur lesquels je peux me reposer, avant de les recouvrir. Je goûte l'eau régulièrement. Au bout d'une semaine, je sens le goût du sel sur ma langue. Je suis en pleine mer. C'est fini, je suis déçu... Cette descente de l'Amazone était devenue bien plus qu'une expédition : une manière de vivre. Je veux continuer. Il faut que je continue.

Ce projet fou germe alors dans mon esprit. Je veux faire le tour de la Terre le long de la ligne de l'équateur. Seul. Sans moyen de transport motorisé. On va me traiter de fou furieux, mais j'ai l'habitude.

Fou, peut-être. Mais furieux, certainement pas.

Je me lance sans savoir naviguer. Or, il faut traverser l'Atlantique à la voile. Je ne connais pas la jungle. Or, il y a des piranhas, des tortues, des caïmans noirs, des insectes, des anacondas et autres serpents, et tout ce qu'il faut pour menacer l'homme. La jungle amazonienne possède, en concentré, tous les dangers. Les chiffres sont déments : deux mille espèces de poissons, cinq cents espèces d'amphibiens, quatre cents espèces de reptiles, cent trente mille espèces d'invertébrés... Survivre là-dedans relève de la mission impossible.

C'est pour moi. Cette fois, je suis acteur de mes rêves.

J'irai, pendant dix-sept mois, au gré de mes possibilités : à pied, en pirogue, à la voile, à vélo, en bourricot ou en patinette s'il le faut, je traverserai cette jungle, cet océan, ces déserts. Je n'ai qu'une vague idée de ce qui m'attend : mais cette part de mystère me plaît. Atlantique, Amérique du Sud, Pacifique, îles indonésiennes, océan Indien, Afrique. Je passe. Je me nourris d'animaux sur place, je me repère grâce au soleil, je suis mon nez, mon fameux nez, et, parfois, je pense à mon père. S'il me voyait... Je me souviens du gamin que j'étais, sur les routes de Johannesburg, en bicyclette, obsédé par l'idée de rentrer à six heures du soir.

J'accomplis mon périple comme prévu – ou presque. J'ai été mordu par des insectes en rage, j'ai été attaqué par des animaux dangereux, j'ai affronté les vagues dans l'océan, mais je suis passé. J'ai tenu grâce à une volonté d'acier pour avancer, tenir debout, ne pas me laisser couler. J'ai déliré pendant quatre jours après avoir été empoisonné par un serpent, mais je m'en suis sorti. J'ai chassé le caïman pour me nourrir – et, ma foi, c'est très comestible. Mais les dangers de la nature ne sont rien comparés aux dangers humains : ainsi, en Afrique, j'ai fait face à un peloton d'exécution chargé de me passer par les armes ; des narcos colombiens ont failli se débarrasser de moi, et j'ai traversé des territoires où rageaient des guerres incompréhensibles. J'ai été accusé d'être un espion. C'était mal me connaître... J'ai aussi manqué me noyer lors d'une tempête sur le lac Victoria... Par chance, les piranhas de l'Amazone, dont on m'avait tellement dit de mal, m'ont laissé tranquille.

Pas une seule fois, au cours de ce trip qui m'a fait franchir le siècle – je suis revenu en 2000 –, je n'ai regretté, ou eu envie de revenir sur mes pas.

Surtout, le voyage a été intérieur.

Je retrouve Cathy, mes deux filles et l'amour de ma famille : il m'est d'autant plus précieux qu'il a été menacé.

J'écris cette histoire dans un livre, *Latitude zéro*.

La mort, que je défie sans cesse, commence à se manifester. Deux athlètes de l'écurie Sector sont victimes d'accidents. Chantal Mauduit, alpiniste de renom, qui a déjà escaladé six pics de 8 000 mètres en style alpin, disparaît alors qu'elle effectuait l'ascension du Dhaulagiri (8 167 mètres) dans l'Himalaya. Elle a été écrasée par une avalanche, dans sa tente, avec son sherpa. Elle avait trente-quatre ans.

Patrick de Gayardon de Fenoyl, parachutiste de l'extrême, inventeur du wingsuit, sorte de combinaison ailée, champion de skysurf et de base jump, ayant plus de 12 000 sauts au pedigree, meurt à cause d'un accident d'ouverture de son parachute, à Hawaï. L'une de ses suspentes s'est emmêlée. Il avait trente-huit ans.

La prise de conscience est rude. Les aventuriers se pensent souvent immortels, ils ne le sont pas. Je me dis, brusquement, que le jeu n'en vaut peut-être pas la chandelle : risquer sa vie pour quelques images qui vont permettre de vendre une montre, une barre chocolatée ou une paire de baskets, c'est vain. Il faut faire les choses parce qu'on a envie de les faire, pas pour satisfaire un intérêt publicitaire. Si ce dernier coïncide avec sa propre passion, c'est bien. Mais payer de sa vie la mise en vente d'un parfum pour hommes, non.

Cette idée est d'autant plus forte en moi que, chez Sector, la philosophie maison a changé. L'ancienne équipe a été remplacée. Les Ray-Ban ont fait place à des Persol. Les liens d'amitié qui nous unissaient se sont défaits : les champions sont interchangeables, ils ne sont plus que des porte-marques. Les mentalités ne sont plus les mêmes, la vitesse de l'info bouscule tout, la pression est démente. Les records s'enchaînent, certes, mais on oublie qu'il y a un coût humain, derrière. Chantal Mauduit et Patrick de Gayardon seront bientôt oubliés par les publicitaires. Mais pas par moi.

La performance : est-ce bien cela que je veux ? Je m'interroge.

On peut sauter plus haut, aller plus loin, montrer plus de courage, élever le niveau d'endurance, mais il ne faut jamais, jamais, oublier d'être simple.

Devant la nature, l'humilité est obligatoire.

Entre le défi et la modestie, entre l'arrogance et la pondération, il y a un équilibre à chercher. Une balance fragile, insaisissable, mais qui exige une vigilance constante. Avoir confiance, c'est une chose. Avoir trop confiance, c'est l'assurance de la catastrophe. L'aventure extrême se joue au plus profond de nous-mêmes.

C'est ma leçon de l'équateur.

Quand Patrick de Gayardon est mort, un journal sportif lui a dédié cette phrase : « Certains hommes ont permis, avec leurs inventions, de changer notre façon de vivre. D'autres, notre façon de rêver. »

Mes rêves restent les mêmes. Mais je n'oublie pas que je suis petit devant l'immensité du monde.

La mort de ces athlètes provoque quelque chose. Une part de confiance s'envole-t-elle ? Une certaine sagesse se fait-elle jour ? Je ne sais pas. Ce que je sais, c'est que désormais, je veux décider de mes limites tout seul. Pas de pression de contrat, pas d'interférence, pas d'obligation de résultat. Je me rends à Milan pour en parler avec la direction de Sector.

Quand j'arrive en Italie, je suis reçu à bras ouverts ; il est loin, le temps de la rencontre à la gare de Martigny, des hésitations et de la vache enragée ! Le directeur de Sector m'annonce que la firme a changé d'optique : désormais, au lieu d'avoir une communication tous azimuts, elle va se resserrer autour de quatre champions, c'est tout. Et j'en fais partie. C'est flatteur.

Mais j'ai d'autres priorités, dans la vie : deux merveilleuses petites filles qui grandissent à la maison, une femme géniale qui me suit dans toutes mes aventures. Cathy ne me demande jamais rien. C'est moi qui dois prendre les décisions qui concernent mes engagements. Je sens qu'une page se tourne. Je trouverai d'autres frontières à franchir, mais pas avec Sector.

J'ai quand même beaucoup aimé travailler avec eux.

À mon retour en Suisse, une surprise m'attend : j'ai été nommé aux Laureus World Sports Awards. Ce sont les Oscars du sport. Un panel, formé d'écrivains, de journalistes, de photographes, sélectionne six candidats dans cinq catégories (sportif de l'année, sportive de l'année, équipe de l'année, révélation de l'année, retour de l'année). Le gagnant reçoit une statuette signée Cartier, au cours d'une cérémonie à grand spectacle.

Donc, pour l'année 2001, je deviens « Action Sportsperson of the Year », après Shaun Palmer, snowboardeur américain, et avant Dean Potter, parachutiste américain (qui se tuera en 2015 lors d'un saut en Californie). Désormais, je figure aux côtés d'Ellen MacArthur et d'Angelo d'Arrigo, deux figures de légende.

La remise des prix a lieu à Monaco, donc pas très loin de chez moi. Mais voilà : je ne pourrai pas assister à la cérémonie.

Je suis déjà reparti.

13

Exfiltration

En refusant l'invitation à Monaco, je risque de rater une occasion en or, mais je suis déjà loin, très loin... Car entre-temps, mes amis Jean Troillet et Erhard Loretan m'ont proposé un projet magnifique : parcourir les 570 kilomètres qui séparent Isortoq de Kangerlussuaq, au Groenland.

Le cœur l'emporte toujours sur la raison. Les deux plus grands himalayistes au monde m'ont demandé de les rejoindre, je ne réfléchis pas, j'accepte !

La traversée s'effectuera en kite-ski – cerf-volant et ski – et, si les conditions sont réunies, nous espérons exploser le record des Norvégiens établi l'année précédente, en onze jours ! Jean et Erhard ont déjà tenté l'aventure l'an passé, mais les conditions étaient mauvaises. Pour moi, en plus du plaisir de les retrouver, c'est l'occasion d'avoir un avant-goût de ma prochaine exploration : quatorze mois en solitaire sur la banquise.

Erhard Loretan est déjà une légende, l'homme des quatorze sommets (et le troisième à les avoir escaladés sans assistance, en pur style alpin, après Reinhold

Messner et Jerzy Kukuczka). Ce grimpeur infatigable qui a pulvérisé tous les records est un type hors normes, timide, réservé, très individuel dans son approche des choses. Il s'entend bien avec Jean, qui est aussi de la race des taiseux. Comme tous les grands aventuriers, Erhard est doué d'une volonté de fer. Il prépare chaque expédition avec un professionnalisme impressionnant. Aucun défi n'est trop grand pour lui, ce qui ne l'empêche pas de se montrer intraitable sur les questions de sécurité. Cela me convient parfaitement. Aussi dingues soient mes explorations, je préserve toujours une marge pour m'assurer une sécurité minimum, même infime. Ces quelques millimètres font toute la différence. Lui et moi, on a déjà travaillé ensemble, lors du percement de tunnels dans la montagne. L'entreprise chargée de construire les routes cherchait des hommes capables de grimper des falaises, percer la roche et déposer des charges de dynamite. Un boulot pénible mais bien payé…

Tant qu'il travaille, Erhard ne boit pas, ne mange pas, ne parle pas, rien ne le distrait de son labeur. Il dégage une présence peu commune sans avoir besoin de parler. S'il décide d'une chose, rien ne l'en détourne. À nous trois, nous formons un beau trio de têtes de mule !

Jean, je le connais bien. Il a accompli des exploits incroyables en compagnie de Loretan. Je suis tombé sous le charme de son caractère tempéré, son humour, sa gentillesse. Il est aussi déterminé qu'Erhard mais d'une façon plus ronde. Je peux l'écouter des heures raconter ses histoires de montagne, ou rester en silence à ses côtés quand il contemple la nature. Presque vingt ans nous séparent, pourtant nous sommes devenus amis et cela fait longtemps que je souhaite partager une expédition avec lui.

Petit, j'ai rêvé d'aventure au pôle Sud, et me voilà au Groenland filant à skis sur la glace, tiré en avant par une voile que je dois diriger à la force des bras. Une énorme luge est arrimée derrière moi sur laquelle se trouve Jean. Il me donne la direction. Erhard, lui, est accroché au traîneau. Il tente de filmer notre progression. Comme on a dit en rigolant aux journalistes venus assister à notre départ, je suis leur mulet, celui qui se colle au kite-ski. Eux se chargent du reste !

Erhard est un peu fébrile, sa compagne est enceinte de plus de six mois et ce sera son premier enfant mais, dès qu'il s'agit de marcher, il retrouve sa tranquille détermination. S'il nous annonce : « Demain on part à quatre heures, préparez-vous », on peut être sûrs qu'à trois heures, il sera déjà loin, en train de marcher. Après une journée de traversée, d'est en ouest, la météo tourne et une tempête nous coince sur la glace, avec un minimum de nourriture. Persuadés qu'on couvrirait la distance à grande vitesse, nous sommes partis « légers ». Les cinq jours suivants, nous les passons sous une toile chahutée par des vents furieux, à boire du thé et à grignoter nos rations sèches et quelques barres de céréales.

En expédition, l'Autre peut vite devenir l'enfer, voire l'ennemi. Une manie devient vite odieuse, la moindre erreur enrage, tout prend des proportions gigantesques. Pourtant, entre nous l'ambiance est excellente, même enfermés là-dessous avec la perspective d'échouer. C'est à cela que je reconnais le courage, cette faculté d'accepter ce qui vient sans se plaindre. Je me sens en bonne compagnie et j'aime la tempête. Celle du Grand Nord ne m'effraie pas, elle m'impressionne par sa puissance. Malgré la faim et l'attente d'une éclaircie, je suis heureux. Quel meilleur endroit pour échanger nos histoires de survie ? Jean et Erhard racontent le bonheur qu'ils éprouvent sur les pentes des plus hautes montagnes du monde, je leur parle de l'Amazone, la jungle, ma frayeur face à un peloton d'exécution au Congo. Dehors la tempête fait rage, des vents gelés empêchent toute sortie en kite. On va devoir faire une croix sur notre record.

Un matin, Erhard apprend par le téléphone satellite qu'il est papa ! Sa femme a accouché d'un prématuré. Il est fou de joie et d'impatience. Les vents commencent à faiblir. Nous envisageons de rebrousser chemin pour gagner quelques jours, mais les vents sont contraires. Cathy appelle pour m'annoncer que j'ai gagné le Laureus Award. Je ne suis pas censé le savoir, mais les organisateurs comptent absolument sur ma présence. Le problème c'est qu'on est au beau milieu du Groenland et même en retournant à mon point de départ, le trajet prendra cinq jours. Or, la cérémonie se tient le surlendemain. Il n'y a qu'une solution, l'hélico : s'ils me veulent vraiment, qu'ils viennent me chercher !

Et apparemment, ils me veulent. Le lendemain, un hélico se pose sur la glace pour nous ramener sur la côte est, où un avion privé nous rapatrie en Islande. Erhard et Jean prennent aussitôt un vol pour la Suisse. Comme notre matériel est resté sur la côte ouest, je me retrouve en business class pour la première fois de ma vie en combinaison polaire et chaussures de ski, sale, le visage mangé par une barbe de dix jours.

C'est un spectacle unique : l'air d'un clochard, un type affamé dévore cacahuètes et plateau repas. Tout ce qu'on me propose y passe. Ma voisine, excédée, demande à changer de place : non seulement je sens mauvais, mais je mange comme un cochon ! Quand on atterrit à Nice, mes voisins les plus proches ont quitté leur siège et l'hôtesse se cache pour m'éviter... Le calvaire n'est pas fini, il faut encore rejoindre Monaco. Les gens me regardent comme si j'étais un yeti ou un évadé de prison... Suant, je finis par débarquer dans le palace où on tient une chambre à ma disposition. Cathy doit arriver le lendemain avec un costume. En attendant, je suis coincé, je n'ai pas un centime en poche, il me reste une ration sèche dans la poche. Et au moins, je peux prendre une douche, c'est déjà ça.

Je n'ai pas le temps de me morfondre que l'organisateur des Laureus Awards m'invite à dîner. Je refuse, impossible de sortir encore une fois en homme des neiges. Je lui explique la situation. Qu'à cela ne tienne, il m'emmène faire du shopping. Calvin Klein, Hugo Boss, j'ai l'habitude de voir leur pub dans les magazines, je n'en ai jamais porté... Il me paie deux T-shirts, une paire de chaussures, un jean et me donne assez d'argent pour m'acheter à boire et à manger. Cette fois, je suis vraiment de retour dans la civilisation...

Tout le gratin du sport et du cinéma se presse sur un tapis rouge. Notre limousine s'arrête au pied de l'escalier, un homme en gants blancs ouvre la porte à Cathy. Ma femme est superbe et semble être mille fois plus à l'aise que moi. Je me pends à son bras, incertain de la marche à suivre. L'avant-veille, j'étais sur la glace à – 30 °C avec Erhard et Jean, je ne sais pas si c'est le décalage, mais c'est ce soir que j'ai l'impression d'halluciner. Nous avons reçu des consignes, il faut attendre un signe discret pour monter les premières marches, le temps que les stars devant aient fini leur tour de piste. Les flashes des appareils photo zèbrent l'air. Des appels fusent, les paparazzi se démènent, agglutinés sur les marches. Notre tour arrive. Les journalistes nous interpellent : « Mike, Cathy ! » Je me tourne dans tous les sens, droite, gauche, arrière, sidéré par la tension palpable, toute cette excitation pour quelques sourires ! Je chuchote à l'oreille de Cathy :

— Ils connaissent même nos prénoms ?

Les paparazzi continuent à hurler. J'entraîne ma femme et tant pis pour le protocole. Un couple gravit les dernières marches devant nous. Cathy murmure :

— Tu sais qui c'est ? Michael Douglas et Catherine Zeta-Jones. Mike et Cathy c'est eux, pas nous !

Retour sur terre.

À notre table, je réalise avec amusement que nous sommes voisins avec le couple de stars ! En réalité, ce n'est pas le fruit du hasard, c'est Michael Douglas lui-même qui a insisté pour être avec nous, il me l'avouera plus tard. Pendant le dîner, pressé par mes voisins, je raconte le Groenland, la descente de l'Amazone, les singes, l'équateur ou le travail des mineurs. Devant ces stars internationales, j'ai l'impression d'être devenu un griot africain. Ces gens célèbres boivent mes paroles, et pourtant je parle de choses simples et vraies, qu'on rencontre dans la nature. Leurs titres ne m'impressionnent pas, derrière l'image de champion ou la star, je vois l'être humain. La différence, quand elle se résout à un salaire, un titre ou une image, n'a pas grande importance, je le sais depuis longtemps. Certains gagnent en une seconde ce que je gagne en un an, mais cela ne change pas ce que nous sommes profondément.

Plus tard, pendant la fête de gala, un homme m'aborde. Il ôte sa montre, me l'attache au poignet :

— À partir de maintenant, vous ne porterez que cette montre ! Venez me voir en Afrique du Sud et nous parlerons des détails…

Il n'est autre que le patron du Groupe Richemont, Johann Rupert, le créateur des Awards. Derrière lui, le directeur du marketing de Mercedes me propose la même chose ! Décidément, l'aventure fait recette…

En recevant mon trophée, je pense à mon père, à son regard posé sur moi. Il m'a dit un jour :

— Tant que tu as les pieds sur terre, tu peux atteindre les étoiles…

14

La grande aventure de la banquise

Au mois d'août 2002, je débarque en terre de Baffin – terre de la Pierre Plate, en vieux norrois – dans l'archipel Arctique canadien. Je sais qu'il faudra affronter trois grands dangers : le froid, la dérive des glaces et… l'ours polaire. William Baffin, l'explorateur anglais qui a donné son nom à cette île perdue, les a affrontés, ces dangers, en 1615, avant d'être tué par une balle portugaise dans le golfe d'Oman. Il décrit ce lieu proche du Nord extrême en termes apocalyptiques : c'est « l'enfer blanc ». Dès que j'arrive, je constate qu'il a raison, William Baffin. Sauf que moi, je me sens à ma place. Étrangement connecté.

L'idée du froid total m'a toujours fasciné. Comment survivre à la nuit polaire ? Moi qui suis né en Afrique, je n'ai aucune compréhension des basses températures. La banquise ? C'est l'inconnu. Enfant, je regardais des films qui se déroulaient là-bas, avec traîneaux, chiens et Esquimaux ; je voulais aller vers la neige, le blanc, me frayer une route dans cette nature sauvage, rencontrer des Lapons, des Inuits, des Tchouktches. Tous des pros de la survie...

Le projet Arktos est unique : il s'agit d'effectuer en solitaire, sans moyens de transport motorisés, un sacré bout de chemin. Vingt mille kilomètres autour du cercle polaire, en traversant l'Europe du Nord, le Groenland, le Canada, l'Alaska et la Sibérie.

J'ai lu des ouvrages sur le goulag pendant mon service militaire, des histoires d'hommes condamnés à périr dans les prisons de Staline, dans la Kolima, là-bas, au bout du monde, dans un lieu où la température peut descendre jusqu'à – 70 °C. Un homme, Witold Glinski, a réussi à s'échapper et à rejoindre le Tibet. Aurais-je fait de même ? Braver l'hiver dans ces contrées, est-ce possible ? Il me faudra marcher pendant deux ans et trois mois pour comprendre. Deux ans et trois mois sans rentrer à la maison. Heureusement, Cathy et mes filles sont venues me retrouver trois jours après Tiksi, au milieu de la Sibérie.

Mais, en retour, je découvre une terre magnifique, gelée, figée, désertique. C'est un lieu fragile, cependant : menacé par le réchauffement climatique, par l'exploitation humaine, par la civilisation galopante... Et pourtant, c'est un endroit nécessaire, utile. Imaginons une pièce dans une maison : on la chauffe en hiver et, quand la température devient étouffante, on ouvre les fenêtres. Or, les pôles, ce sont ces fenêtres. Si cet équilibre est détruit, qu'adviendra-t-il ?

Comment s'adapter à une température qui tourne autour de – 50 °C ? La notion de froid, dans ce cas, devient inopérante. Ce n'est pas du froid, c'est bien plus dévastateur. C'est un gel mortel, qui vous ronge les os, qui pénètre partout, qui solidifie votre âme. Une telle atmosphère est tellement rude qu'elle peut vous pétrifier en quelques minutes. Quand on crache, on éjecte un morceau de glace. Quand on pisse, on fabrique un jet solide, au risque de perdre son robinet ! La moindre surface de peau exposée met en péril. Pour marcher là-dedans, il faut de l'endurance, de la volonté, du courage. Mais aussi de la peur : celle-ci préserve. D'autres mesures sont obligatoires : vêtements adaptés, discipline rigoureuse, instinct animal. Quant à l'itinéraire, je compte alors sur ma force physique et sur les bulletins météo de Cathy. Les impondérables, c'est à moi de les gérer : fissures sur la banquise, rencontres avec des ours, égarement possible. Je sais, d'entrée de jeu, que je dois être en harmonie avec la nature, c'est la clé de tout.

Je me suis fait fabriquer un matériel spécialement conçu pour ces températures : l'explorateur norvégien Børge Ousland, qui a traversé l'Antarctique en solitaire, me conseille. Il me briefe sur ses voyages au Pôle, et, généreusement, m'offre une partie de ses affaires. Surtout, il me confirme ce que je sais, au plus profond de moi-même : pendant l'hiver arctique, aucune tricherie n'est possible. On ne peut compter que sur soi. Chaque erreur, même minime, a des conséquences : si j'ai eu les mains gelées, c'est parce que j'ai commis une erreur d'appréciation. Il y a des règles à respecter, des idées à trouver, des astuces à suivre. Ainsi, quand les températures plongeaient à – 60 °C, j'ai pris l'habitude de boire six ou sept litres d'eau par repas, de façon à me réveiller toutes les deux heures. En prenant une bouteille plutôt que de pisser dans un coin de tente, j'ai utilisé la chaleur de mon urine en guise de bouillotte pour mes pieds : au fond du sac de couchage, il faisait − 20 °C. Entre la « bouillotte » et mes pieds, une différence de 57 °C !

Autre truc : la température de la neige étant à − 18 °C, il suffit d'en frotter une poignée sur son visage pour dégeler un tant soit peu. Et, si on a de la morve au nez, celle-ci absorbe une partie du froid et vaut mieux que n'importe quelle pommade pour les engelures. L'une des données de base, c'est aussi de surveiller sa température interne : les frissons consomment de l'énergie et la sueur gèle. Dans ce cas, ce gel tapisse l'intérieur de la combinaison. Non seulement c'est un poids supplémentaire à porter mais le risque de tomber malade est multiplié. L'hypothermie est un danger mortel.

Tout est question d'équilibre.

J'ai avancé comme un funambule sur ma ligne de vie.

C'est en Arctique que j'ai appris la patience. Attendre un sauf-conduit ou la fin d'une tempête, le retour de l'hiver pour que la banquise durcisse, la tombée des vents, c'est une école de persévérance et de maîtrise de soi. Mais sous la tente, cerné par ce froid terrible, je me suis senti heureux. J'étais dans l'œil du cyclone, dans une bulle fragile. L'accalmie, je le savais, viendrait. Il suffisait de rester stoïque.

Les règles, il faut les suivre, c'est entendu. Mais, si elles nous donnent un cadre, elles nous laissent face à nous-mêmes. Les choix qu'on fait nous appartiennent. On peut suivre un chemin connu, une route inconnue, se laisser mener par les circonstances ou les dicter, être passif ou actif. En s'aventurant en dehors de sa zone de confort, chaque homme découvre que la vie a plus d'une seule facette, que les possibilités sont multiples. À se plaindre que la vie est dure, en doutant de soi, on ne réussit qu'une chose : se rendre l'existence plus pénible.

J'ai choisi ma vie, mon destin, mes confrontations, mes buts, mes idéaux. Ce changement de cap a eu un prix : j'ai pris des risques insensés, je me suis planté parfois, je me suis accroché toujours. Je n'ai qu'un ennemi : la routine. L'aventure, dans ses teintes infinies et ses expériences si diverses, m'enrichit à chaque minute.

En signant mon premier contrat avec Sector, je n'ai eu qu'une crainte : que quelqu'un d'autre se prépare mieux que moi. Voilà pourquoi je me suis entraîné toujours plus fort. Ce n'était pas tant un contrat avec un sponsor qu'un engagement avec moi-même : bosser, encore et encore, pour aller le plus loin possible.

Parlons des ours. Chacun sait que l'ours est un chasseur redoutable, un carnivore impressionnant, avec des capacités incroyables. Il est capable de sentir une vague odeur à 50 kilomètres ; de parcourir 100 kilomètres en un jour, poussant des pointes à 40 km/h ; de nager sur des distances phénoménales dans une eau glaciale. L'esprit de l'ours a inspiré les mythes des peuples anciens, notamment dans le Grand Nord. Il est le symbole du courage, de la force, de l'ingéniosité. Chez les Inuits, surnommé Nanouk, il a un rôle quasi divin : c'est lui qui décide si les rituels ont été bien observés. L'ours kodiak peut être terrible, il peut mesurer 2 ou 3 mètres, et atteindre 800 kilos, voire 1 tonne. Sous l'eau, un ours peut nager pendant deux minutes sans respirer. Quant aux griffes de l'ours polaire, elles ressemblent à des petits sabres : longues de 7 centimètres, elles sont affûtées comme des rasoirs. Notre animal a aussi 42 dents, dont il se sert pour déchiqueter 40 kilos de nourriture par jour. Il lui arrive d'attaquer l'homme, surtout si celui-ci sent le phoque…

Toutes choses que je savais avant de prendre la route. J'aurais pu y laisser ma peau. Mais j'ai eu de la chance : les Inuits, qui n'ont presque rien, ont partagé avec moi leurs maigres ressources. Leur générosité est celle des démunis.

Simon était l'un d'entre eux. Ayant tout perdu à la suite d'un incendie dans ma tente, j'étais sans matériel. Voyant le dénuement de cet étranger seul sur la banquise, il m'a accueilli avec chaleur. Il m'a offert une paire de gants fourrés, il m'a donné à manger, il m'a parlé. Surtout, il m'a appris les gestes élémentaires : construire un igloo, lire les traces des ours ou, plus important, comment me comporter en cas de rencontre intempestive avec une peluche de 800 kilos.

C'est simple, en réalité. Il faut se grandir en écartant les bras, ce qui donne l'impression à l'animal d'avoir un adversaire important. Éviter de tourner le dos, signe de fuite, ce qui déclenche l'attaque. Ne pas croiser le regard de la bête, qui y verrait un défi. Pas facile, car le premier réflexe, c'est de partir comme une fusée ! Les conseils de Simon m'ont été précieux. Cet homme vivait dans son univers, selon son instinct et son savoir ancestral.

Un jour que je lui demandais des indications pour mon itinéraire, sur une carte, il se mit à me rire au nez. Nulle ironie ou moquerie là-dedans. Seulement, pour un Inuit, une carte n'a pas de sens. C'est une projection plate, une réduction. Comment peut-on cartographier le vent ? Indiquer la course des nuages ? Enfermer le ciel, l'air ? Signaler le danger d'une crête mouvante ? Déchiffrer les signes avant-coureurs d'une tempête ? Autant essayer de domestiquer l'espace... Simon conservait dans sa mémoire les voyages qu'il avait faits et ceux que son père lui avait racontés. Il pouvait citer chaque passage au milieu des glaces. Il se fiait à des données incertaines mais sans doute anciennes. Il me disait :

— Mike, tu pars d'ici et tu marches de la petite lune à la grande lune. Quand tu vois la montagne à la tête d'ours, tu marches encore jusqu'à la vallée en dent de morse. Va dans la direction du soleil qui se lève et trouve la montagne comme une femme enceinte. Tourne le dos au soleil levé, et marche vers le soleil couché. Alors, tu seras arrivé.

Je l'écoutais, et c'était un savoir millénaire qui m'était transmis. Le passage du Nord-Ouest, pressenti par Cook et Vancouver en 1776, et franchi par Roald Amundsen en 1903, devenait vivant, pour moi. Ce passage de 1 500 kilomètres, qui relie l'Atlantique au Pacifique, n'était plus une abstraction. Mais une réalité. Je savais qu'en suivant les repères de Simon j'entrerais dans ce monde de signes, d'esprits se faufilant sur la glace, de certitudes héritées des ancêtres. La tête d'ours, la dent de morse, la montagne enceinte devenaient plus vivantes que la cote 765, le dénivelé des Basses-Roches ou le thalweg de granit. Le système de Simon avait un autre avantage : on perd une carte, et un GPS se décharge. Le vent pouvait m'arracher la carte, un feu la détruire. Mais les images de l'Inuit restaient gravées. Elles sont toujours là, au fond de ma mémoire.

C'est un trésor que Simon m'a légué.

Les peuples du Nord ont des dizaines de mots pour raconter la neige. Les conditions extrêmes dans lesquelles ils vivent nécessitent des termes adaptés. Il faut être capable de décrire avec exactitude l'état de la banquise. Un adjectif peut marquer la différence entre la vie et la mort. Il y a des expressions pour la neige molle, la neige fraîche, la neige boueuse, la neige de congère, la neige tombante, la croûte de glace après la pluie, la neige à igloo, la neige qui craque sous le pied, le banc de neige apporté par le vent du nord-ouest, la neige pour boire, les glaçons des fenêtres, la neige tassée où un chien a dormi... Quelle richesse ! Mais aussi : quelle simplicité, chez ces hommes.

Il y a deux peuples chez qui j'ai senti une aussi forte empathie avec la nature : les Inuits et les Bushmen. Je pensais avoir une vision claire du monde, mais, en terre de Baffin, aux confins du monde, j'ai rencontré des hommes qui m'ont fait toucher du doigt les secrets de leur culture. Ils ont une connaissance intuitive et triviale à la fois. En les croisant, nul ne pourrait deviner que, sous leur carapace bourrue, ils sont capables de percevoir la vie grouillante des océans, de pressentir l'arrivée d'une harde de rennes, de prévoir l'arrivée de l'orage. Jamais ils ne se plaignent, malgré les conditions peu clémentes. À quoi bon ? Les lamentations ne font pas venir plus de phoques, ni les pleurs plus de poissons. Ils acceptent leur sort, font partie d'un tout. Ils ont trouvé leur place, depuis longtemps, dans une grande harmonie du cosmos.

Face à ces hommes, que sommes-nous ? Si on éteignait les lumières de nos villes, nous serions perdus. Eux, ils savent écouter les ténèbres. Ils connaissent, depuis des temps immémoriaux, la montagne à tête d'ours ; nous, nous connaissons la ligne 18 du métro. La masse d'informations, le flux de bruits inutiles, le déversement quotidien d'images nous ont fait oublier la leçon de l'ours.

Cette leçon, c'est la toute-puissance de la nature.

L'accord profond, total, imperceptible, avec l'environnement.

Au cœur de la longue nuit polaire, je me suis laissé guider par mon instinct. Tout était simple : vivre, chercher un endroit pour se reposer, manger. C'est dans les grandes épreuves que se révèle l'étincelle humaine. C'est devant l'immensité de la montagne que je suis moi-même, petit, mais bien là. Il serait bien sûr illusoire de rejeter notre civilisation moderne. Mais il faudra bien retrouver le sens premier des choses. Le miracle des feuilles au printemps, le parfum du vent, le bourdonnement des abeilles, la beauté de l'horizon... Toutes nos puces électroniques, nos ordinateurs, nos écrans et nos robots ne nous donneront jamais le bonheur.

La simplicité, l'équilibre, voilà une quête essentielle. Renouer avec la Terre, avec le sol, avec l'air. Nous nous sommes coupés du monde. Il importe de le retrouver.

Au fil de mes exploits, sur la route de mes explorations, je me suis forgé une philosophie portable. Elle n'est pas constituée de livres savants, ni de termes abs-

traits. Elle est simple comme la branche d'un arbre :
il faut s'adapter. Et ce message, j'ai voulu le partager
dans un livre, *Conquérant de l'impossible*, en 2005.

Les Inuits habitent l'Arctique depuis la nuit des
temps. Les Aborigènes d'Australie ont perpétué leur
culture depuis soixante mille ans, et sont capables de
comprendre la langue de leurs ancêtres, de redire les
paroles de leur religion, de vénérer les mêmes dieux.
Nous, nous ne comprenons plus la langue des temps
bibliques, nous avons du mal à saisir les croyances du
Moyen Âge, et même les hommes du XIXe siècle nous
paraissent lointains. Chaque génération enterre la génération précédente. Cinq siècles passent – une minute,
au regard de l'Histoire – et nous ne comprenons plus.
Imagine-t-on un Parisien rencontrant un Égyptien de
l'Ancien Empire (2 600 ans avant Jésus-Christ) et dis-
cutant avec lui ? Impossible. Les Aborigènes, eux, en
seraient capables. Ils le font d'ailleurs...

Les Inuits n'ont pas fui ni cherché des territoires
plus au sud. Ils sont restés sur leur terre, ils ont appris
à vivre avec le vent glacial, le gibier rare, ils savent
partager. Ils sont unis. La glace est le prolongement
d'eux-mêmes, la banquise, une extension de leur âme.

Quand je dois progresser en terrain inconnu, je me
fonds dans le milieu, en suivant la loi de la moindre
résistance. Dans la jungle, je suis jungle. Sur l'océan,
je suis océan. Dans le désert, je suis désert. Sur la
glace, je suis l'ours...

Il m'est arrivé de m'abandonner. Le sommeil de la
mort me guettait, j'étais à vide, à bout. Mon entêtement
m'a éloigné de mes filles, de ma femme, de mes amis.
Tout, dans ces moments-là, était balayé par la douleur,

par une immense lassitude, par un soupir : « À quoi bon ? » Et puis non.

Il y a toujours eu un frémissement, un déclic. J'ai fini par me remettre debout, j'ai puisé dans des réserves qui m'étaient inconnues, je suis reparti. Et j'ai survécu. J'ai pioché dans cette réserve d'énergie pour redescendre du Gasherbrum 2, pour traverser des marécages aux herbes tranchantes, pour me relever dans le froid polaire.

Une aiguille fine, dans mon esprit, m'indique jusqu'où je peux aller. Quand je pars en expédition, je ne suis plus le même homme. Le voyage exige de se défaire de tout ce qui encombre la marche. Réduire la complexité est la condition de la survie : plus on s'encombre, plus on se leste, plus on a du mal à avancer. Je n'ai pas besoin de cette boussole ultra-précise, avec visée laser. Je dois laisser ce réchaud à gaz équipé pour les cyclones. Je n'ai que faire de ce GPS dont les batteries vont me lâcher au premier grand froid. Si je dois marcher quinze heures d'affilée dans la jungle ou sur la banquise, je dois être léger. De corps et d'esprit.

Avant de descendre l'Amazone, j'ai consulté les hommes des Forces Spéciales au Brésil. Certains d'entre eux avaient même travaillé avec des Bérets verts au Viêtnam. Je voulais comprendre le fonctionnement de l'enfer vert. On m'a donné des livres. Tout y était, dans ces manuels de survie : ce qu'on peut manger, les pièges à éviter, l'équipement à prévoir, les comportements à risques, les plantes toxiques, le gibier à chasser, la meilleure façon de dormir… L'un des bouquins recensait les serpents de la région.

Dès la première page, on me présente le trigonocéphale (*Bothrops atrox*), long de 2 mètres, tête triangulaire et durée de vie de vingt ans. Couleur : gris marron. Nourriture : petits rongeurs. Attaque : foudroyante. Danger : venin très actif, avec « potentiel décès ». Je tourne la page... Voici le serpent corail (*Micrurus lemniscatus*), qui ne redresse pas la tête en cas de danger, et qui n'est pas neurotoxique. Je découvre ensuite le serpent liane (*Oxybélis fulgidus*), taille 1,80 m, couleur vert pomme, avec une ligne ventrale blanche. Morsure non mortelle, mais ennuyeuse : inflammation, œdème. Et ça continue : le crotale cascabelle, serpent à sonnette agressif et dangereux ; le grage grands carreaux, nocturne et peu agressif ; l'anaconda, immense et d'une force terrible ; le jaracoa, hermaphrodite et nerveux ; le getula (*Lampropeltis getula*), peu menaçant... Il y a des serpents froussards, des serpents à venin hémotoxique, des serpents à venin neurotoxique, des serpents à queue rouge, des serpents qui nichent dans les branches, d'autres qui se lovent dans les grappes de fruits. Il y a les diurnes, les nocturnes, les chasseurs en eau vive, les guetteurs paresseux. Sur les trois mille espèces recensées dans le monde, 10 % vivent en Amazonie.

Un sacré paquet d'informations à digérer. Comment faire ?

Il faut voir au-delà du mur.

Je commence par arracher les pages concernant les serpents non mortels. Les boas, l'anaconda, les couleuvres d'eau, les xénodons, out ! Pas question de m'encombrer l'esprit. À la fin de cette épuration, il ne me reste plus qu'une dizaine de bestioles réellement dangereuses. C'est celles-là qu'il faut mémoriser.

Même travail sur la botanique sauvage. Fleurs, fruits,

tubercules, racines, pois sucrés, bambous, feuilles toxiques : les pages inutiles ont volé. Ne sont restées que les pages essentielles.

Impossible.
Irréalisable.
Infaisable.
C'est la mer à boire, c'est déraisonnable, c'est absurde.

La rengaine est connue. On me l'a répétée sur tous les tons. Je n'en ai jamais tenu compte, je suis passé outre. J'aime bien l'idée que je suis responsable de mon existence, pas forcément des choses qui m'arrivent, mais de la façon dont je les prends. J'essaie de ne jamais dire non *a priori*, même devant un obstacle. C'est parfois dans ces moments incontrôlables qu'on découvre des choses sur soi ou que sa vie prend un sens. J'ai choisi d'explorer le monde pour rester surpris, émerveillé, curieux. Pour le frisson de l'inconnu aussi. Je peux couler, tomber ou perdre la raison parce que je n'ai plus que 30 % d'oxygène qui m'irrigue le cerveau, je peux m'asseoir à 8 000 mètres et ne plus jamais bouger parce qu'il suffit de fermer les yeux et de glisser dans le sommeil au milieu de cette beauté qui m'entoure. Mais je peux également me relever pour raconter à mes enfants ce que j'ai cru entrevoir là-haut, ne plus me contenter de rêver d'un monde meilleur mais trouver un moyen de participer.

Je ne suis pas un sage pourtant, je m'inspire des leçons que j'ai reçues. Elles m'ont été dispensées par la nature et par des rencontres. Explorer, cela signifie trouver des réponses et revenir les partager avec les autres. Personne ne grimpe seulement pour grimper, il y a toujours une raison, un sens, une quête. Ceux qui partent cherchent des réponses et en découvrent chaque fois de nouvelles. Tant qu'on vit, il y a toujours d'autres questions, d'autres raisons d'aller plus loin…

Après le froid polaire, le soleil d'Afrique. Quelques années plus tard, en 2012, l'aventure m'attend du côté de la Somalie.

15

Les pirates

Décembre 2012.

J'arrive à Cape Town, sur notre bateau, le *Pangaea*.

Je viens de faire 120 000 milles nautiques autour du monde. Avec mes amis – nous sommes six – je dois maintenant remonter les côtes de Somalie, direction Abu Dhabi, dernière étape avant notre retour à Monaco. L'aventure de Pangaea, au total, aura duré quatre ans ! Étienne, le pilote, est un ami : il a une bonne mentalité, et a toujours voulu voler dans des coins où personne ne voulait atterrir. Cathy a été l'une de ses premières élèves de pilotage. Il a un cœur grand comme une église. Adrian, ancien patron d'une mine de diamants, est gestionnaire de patrimoine et banquier. Il a changé de métier après avoir été attaqué, avec son associé, par des hommes cagoulés. Il saura réagir face au danger. Il y a mon cousin Steve, qui a décidé qu'il en avait marre de travailler, et qui a laissé tomber l'import-export, comme moi. Lui, c'est un ourson, gentil mais attention : il a fait partie de la garde rapprochée du président De Klerk. Jacek est ingénieur. Je connais ce Polonais depuis cinq ans. Il a refusé de devenir militaire dans son pays et est allé s'installer en Allemagne, il a du caractère. À force de chercher, il a fini par trouver : il s'est embarqué sur l'un des plus grands voiliers du monde, propriété d'une famille hollandaise qui possède un chalet de vacances à Château-d'Oex, là où je vis. C'est ainsi que nous nous sommes rencontrés.

Et puis il y a Tristan, le matelot : un gars de vingt et un ans rencontré lors d'une conférence en 2008 à Lorient. Il m'a abordé en disant :

— Vous dites que lorsqu'on a un rêve, il faut tout lâcher pour le réaliser. Voilà, je suis là.

— D'accord. Demain, sur le bateau à six heures du matin.

À six heures moins le quart, il était là.

Nous sommes prêts. Sur l'océan Indien, nous naviguons en eaux calmes, sous un soleil écrasant. Nous sommes préoccupés par la conservation du littoral, d'une beauté rare. Au large des côtes du Swaziland, du Mozambique et de la Tanzanie, nous découvrons des paysages d'une beauté infinie. Puis, en pleine mer, loin des terres, nous apprécions cet océan chaud, peuplé de tant d'espèces merveilleuses : crabes bleus de Christmas, pieuvres veinées, poulpes tachetés, seiches flamboyantes, cœlacanthes millénaires, mérous patates, raies pastenagues, poissons-chats rayés, murènes léopard, poissons-savons à six lignes, scorpions à houppe…

Parfois, nous avons l'impression d'être au paradis terrestre.

Pour boucler notre périple, nous devons passer par les eaux somaliennes. Nous savons, pour avoir été prévenus, que la zone est dangereuse. Les pirates se déplacent à des centaines de milles des côtes et, souvent, se font passer pour des pêcheurs. Difficile de faire la différence... Nous devons passer par là. Il y a des cargos, des navires militaires internationaux, des bateaux commerciaux : nous ne serons pas seuls. Mes sponsors renâclent : ils ne voient pas d'un bon œil mon passage dans cette région. Ils me pressent de faire un détour. Sauf que ce détour va rallonger mon périple de trois mois... Je passe outre. Tant pis. Les pirates, j'en fais mon affaire...

La règle d'or, c'est de se préparer. Certains pensent qu'ils peuvent se rendre partout sur la planète le nez en l'air. C'est faux. Il y a des coins chauds, il faut se renseigner et se lancer en conséquence. Mon expérience et celle de mes compagnons – trois d'entre eux ont été dans l'armée d'Afrique du Sud – seront utiles. Nous ne nous lançons pas comme des bleus. D'ailleurs, nous ne sommes pas seuls à prendre des précautions. Avant de partir, j'ai discuté avec six organisations différentes : toutes mettent des mercenaires armés sur leurs navires. Elles protègent leurs marchandises et leurs gens.

Nous essayons de trouver des armes à Cape Town, au départ. Mais l'idée me déplaît : j'ai fait douze tours du monde sur mon bateau, sans armes. Nous partons, et, en remontant vers le nord, nous faisons escale à Durban. Là, nous achetons des armes. En Afrique du Sud, les armes en possession de non-licenciés doivent être remises aux autorités. Il faut faire attention :

souvent, ce sont les policiers eux-mêmes qui vendent, mais, en fait, ils tendent des pièges. Si on achète, on tombe sous le coup de la loi. Je rencontre des vendeurs. Mais, chaque fois, mon instinct me dit : « Laisse tomber », et je laisse tomber. Les caches d'armes laissées par les Russes et les Cubains alimentent le marché parallèle. Finalement, on nous propose des Dragunov SVD calibre 7,62, avec lunette de visée (des fusils de précision, distance de feu 800 mètres, simples et fiables), et des Kalachnikovs AK47. Mais, de notre côté, nous avons trouvé des armes de chasse, à longue distance, calibre 7,62 – des Winchester –, et des armes semi-automatiques. Nous les choisissons car le ravitaillement en munitions est plus facile. Nous en achetons quatre. L'idée est que, si nous sommes attaqués, quatre hommes peuvent riposter, tandis que deux autres s'occupent de la navigation. On fait escale à Mayotte pour avoir les dernières infos sur les mouvements des pirates. Là-bas, les légionnaires français patrouillent régulièrement. Ils sauront intervenir en cas de besoin.

En partant, nous gardons l'œil sur le radar. Les premiers jours, tout va bien. Puis, alors que nous progressons gentiment, nous voyons des embarcations sur l'écran, en pleine nuit. Je connais la procédure : entrer en contact par radio, entreprendre des manœuvres dites « évasives » – zigzags, retours en arrière, changements de cap – juste pour s'assurer si nous sommes suivis ou non. Très vite, nous comprenons que les ennuis arrivent. Quand nous nous dirigeons vers le nord-est, ils vont vers le nord-est. Quand nous virons, ils virent. Conclusion : ces gens nous suivent.

Pas de quoi s'effrayer, cependant. Nous gardons notre sang-froid. Car, au fond, nous savons que les pirates, sur leurs bateaux, ne cherchent que le profit. Ce sont des pêcheurs. Ils n'ont pas envie de se livrer à une bataille navale. Nous, otages ? Pas question. Le vrai danger, c'est si les attaquants deviennent fébriles : la situation, alors, peut dégénérer.

Nous ralentissons, puis nous accélérons. Les conditions sont idéales pour les assaillants. La mer est calme, nous avançons au maximum à 9 nœuds, alors que leurs barques peuvent atteindre 25 nœuds. De plus, notre bateau est bas sur l'eau, facile à aborder. Ils peuvent être sur le pont en quelques secondes. Ils ont des communications satellitaires, des radars dernière génération, ils sont équipés. On nous a décrit le système d'attaque : deux vedettes rapides arrivent par la proue, se séparent, l'un à bâbord, l'autre à tribord. Sur le pont, ils ont des bâches recouvrant leurs armes. L'une des deux embarcations demande de l'aide, de l'eau, disant que les gens, à son bord, ne sont que des pêcheurs. Puis, parvenus à proximité, les types rejettent les bâches, sortent les armes, et c'est la fin. Ils n'ont rien à perdre : la vie de ces pirates, en Somalie, est misérable. Ils sont, en outre, animés par un fort sentiment de vengeance : les étrangers, disent-ils, sont venus pêcher dans leur zone, et ont épuisé les réserves de poissons. Les Chinois, notamment, sont accusés d'avoir pillé les fonds marins. Du coup, le raisonnement est simple : si nous souffrons, tout le monde doit souffrir. Une fois à bord, ils braquent les passagers, saisissent le bateau, mettent le cap sur la Somalie. Ils prennent les gens en otages, en tuent un d'entrée de jeu pour montrer leurs intentions. Ensuite, ils réclament un ou deux millions de dollars par tête. Quelquefois beaucoup plus, jusqu'à cinq millions.

Sauf que nous sommes dans les eaux internationales. Les réserves de poissons, là, appartiennent à tout le monde. Elles ne t'appartiennent pas, pirate.

Nous entrons en communication avec nos poursuivants :

— Nous vous voyons sur le radar. Voici votre position... 12° 31' nord, 53° 55 est. Si vous nous suivez encore, nous allons prendre des contre-mesures.

Pour l'instant, nous en restons aux paroles. Elles ne valent rien, mais on ne sait jamais... Nous allumons toutes les lumières de notre bateau, pour être bien visibles dans la nuit. Si nous sommes visibles, ils ne peuvent plus faire semblant d'être tombés sur nous par hasard dans l'obscurité.

Nous avons fabriqué des épouvantails, pour donner l'impression que nous sommes plus nombreux. Nous avons attaché des ficelles et, en tirant dessus, ces grandes marionnettes en paille ou en plastique s'agitent. Petite illusion mais, qui sait, ça peut marcher...

Nous savons que le bateau mère n'est pas très loin, et qu'il nous surveille. Sur le radar, nous ne voyons qu'une vedette, alors qu'en réalité, nous savons qu'il y en a plusieurs. Ils restent à une distance de 6 milles nautiques. J'accélère. Le petit point vert, sur l'écran, garde la cadence. Autre manœuvre, virage à 45° ouest. Ils font pareil. Nous fixons la distance de sécurité à 2 milles, soit 3,5 kilomètres. Trop loin pour un fusil, mais suffisant pour établir une zone de confort.

Ils arrivent sur nous. La limite des 2 milles est atteinte ; je vire, je mets le cap sur eux. De face, mon bateau est moins exposé. S'ils tirent, ils toucheront l'avant. Or, nous sommes à l'arrière. C'est là qu'est notre poste d'opération. Bientôt, le jour va se lever.

Nous sommes tous postés, les fusils en batterie, chargés avec des balles traçantes. Nous les voyons s'approcher encore. Nous lâchons quelques rafales en l'air, les projectiles décrivent des lignes de feu dans la demi-obscurité. Le message est clair : restez où vous êtes, sinon les choses vont mal se passer. S'ils tentent de venir par les flancs, on fera tout pour redresser le bateau et présenter la proue. Autrement dit : on se mettra face à eux.

Vont-ils attaquer ? Les minutes passent.

Sur le bateau, les missions de chacun sont bien déterminées. Tristan est en charge des munitions. Adrian, Étienne et Steve sont armés, prêts à riposter. Jasek, notre ingénieur polonais, contrôle le moteur et la propulsion. Quant à moi, j'assure la navigation.

Finalement, ils font demi-tour. Ils ont compris. Nous avons simplement fait savoir que notre droit de route était entier. Nous n'avons pas pêché dans la zone, nous n'avons aucun chargement valable, nous ne faisons que passer. Laissez-nous tranquilles…

Quand ils s'en vont, je regarde ma montre : toute l'affaire a duré six heures.

Arrivés à Abu Dhabi, nous sommes obligés de rendre nos armes, ou de les couler. C'est obligatoire. En repartant, pour remonter la mer Rouge, nous devons à nouveau passer par le golfe d'Aden où se trouvent les pirates. Juste avant d'entrer dans cette zone, nous entrons en contact avec un bateau en provenance du Sri Lanka pour nous réarmer. À son bord, des mercenaires, destinés à la protection des cargos, et des armes qu'on peut louer ou acheter. De notre côté, nous avons commandé des armes russes, israéliennes et américaines.

Le rendez-vous avec le bateau est compliqué : les marchands d'armes nous donnent une date, puis, quatre heures avant le contact, nous communiquent les coordonnées GPS. Nous arrivons, le bateau n'est pas là. Ils nous testent. Ils nous communiquent alors un autre point de rendez-vous, vérifient notre position, et, au deuxième point, la rencontre a lieu. On nous donne des instructions strictes à suivre. On nous indique la vitesse d'arrivée à bâbord. On nous demande d'être bien visibles et de montrer que nos mains sont libres, sans armes. Eux sont armés jusqu'aux dents. Ils craignent, eux aussi, une attaque, un mauvais coup.

Nous arrivons dans le golfe d'Aden. À partir de là, les bateaux s'intègrent à des convois. Sauf que, pour nous, ces convois vont trop vite : 18 nœuds. Nous ne pouvons pas suivre. Nous nous enregistrons auprès des autorités, et nous communiquons toutes les heures notre position. Mais ce n'est pas suffisant. Nous allons passer au large de Socotra, une île yéménite inscrite au patrimoine mondial : il y a là sept cents espèces végétales, dont le fameux arbre dragonnier, soixante-dix-huit espèces d'oiseaux, et cinquante-trois espèces de reptiles. Il y a aussi un nombre important de pirates, qui ne font pas partie du patrimoine mondial. Parvenus à proximité, nous communiquons une fausse position à la base. Nous ne voulons pas attirer l'attention sur nous.

Malgré tout, en haute mer, de jour, deux bateaux arrivent, l'un derrière l'autre. Nous montons sur le pont, sortons les armes, dressons nos épouvantails. Nous les apercevons : les pirates arrivent gentiment, se séparent de part et d'autre, nous prennent en cisaille. Je surveille leurs réactions. Nous sommes obligés de poster deux hommes à bâbord, deux hommes à tribord. Du coup, nous sommes plus faibles, car divisés. Ils voient bien que nous sommes armés. Jacek tire quelques rafales dans l'eau. Les gerbes soulevées montrent bien nos intentions : nous nous défendrons.

Ils n'insistent pas.

À l'entrée du canal de Suez, nous remettons nos armes, comme prévu. Elles sont fichées, cadenassées. Les munitions, pareil.

C'est fini.

Je rentre. Cathy m'attend. Je me fais une joie de retrouver ma famille. Mes amis. Besoin aussi de partager mon expérience. Je suis heureux quand je sens qu'elle peut être utile aux autres. Les leçons que je tire de mes aventures peuvent sans doute aider certaines personnes à surmonter la peur, la pression qui, trop souvent, paralyse et mène à l'échec.

Ce partage, comme les défis que je me donne, est une manière de rester en mouvement…

16

Partager

Lorsqu'on m'a demandé, en 2011, de coacher l'équipe indienne de cricket peu avant la coupe du monde, je n'ai pas hésité. Ce que j'ai appris en matière de survie et de volonté est valable partout.

Alors pourquoi pas sur un terrain de sport ?

Face à une équipe de joueurs, certains avec de fortes personnalités, la première chose à affermir est la motivation. Comment cultiver l'envie de gagner ? Je commence par leur parler de moi, des expériences qui ont formé ma pensée. Quand on est dans une tente paumé au milieu de la banquise, il faut être hyper motivé pour affronter le froid mortel qui gèle ton souffle sans savoir ce qui peut arriver dans les heures à venir. Peut-être que l'ours est à l'affût ou qu'une tempête s'est levée, ou peut-être que je glisserai sur un bloc de glace. N'importe quel événement inattendu pourrait survenir et me mettre en danger de mort. Je suis conscient de ne pas jouer contre un adversaire à ma taille. La seule façon de l'affronter, c'est de sortir de mon sac de couchage, quitter la tente et mettre un pied devant l'autre. Pas question de me recoucher sinon je me mets en danger de mort. C'est un engagement absolu et un paradoxe : si on n'est pas prêt à tout perdre alors on n'est pas prêt non plus à réussir. Cette détermination, je peux la leur enseigner.

Je pose la question d'emblée aux joueurs que je dois coacher. Aux Indiens de l'équipe de cricket, en 2011, comme aux joueurs de foot allemands, juste avant le Mondial 2014, au Brésil. Quelle est leur motivation ? C'est vrai, les sportifs qui me font face n'auront jamais à braver les tempêtes, la peur, le froid ou la désorientation. En revanche, ils supportent une pression énorme. En championnat les sommes d'argent engagées sont colossales, l'échec n'est pas permis et cette nécessité peut devenir inhibitive. Personne ne peut gagner en redoutant l'échec ! L'envie de l'emporter doit surpasser la peur de perdre. Moi, dans un cas extrême, je supprime tout simplement l'option de l'échec. Plus on simplifie les choix, plus l'action est facile. Ils doivent savoir pourquoi ils sont sur le terrain et pourquoi ils jouent. Le but final. Et si, au long du parcours, cela tourne mal, ils doivent s'en servir comme d'une leçon pour être sûrs de gagner la fois suivante. Mieux vaut une victoire au bon moment. Le moment où la vie est en jeu. Le moment de la finale. Le moment où gagner devient la seule issue possible.

Le second point indispensable est le partage, le don. Un joueur doit pouvoir s'appuyer sur les autres même si ses partenaires sont les meilleurs parmi les champions ! Tous ne sont pas bons amis, certains sont là pour se tailler une place, bâtir une carrière fulgurante, et le groupe n'est pas leur priorité. Les superstars sont rarement bénéfiques à la dynamique collective. Quand un joueur devient plus grand que son équipe, il se bat pour lui seul, pour briller, et le résultat final devient secondaire. Je préfère mille fois un leader à une super-star : le premier emmène le groupe, le second mène sa danse. Qu'il y ait 11 joueurs, ou 13 ou 15 comme au rugby, tous doivent être là pour la même raison, croire au même but. L'action collective engendre une forme d'osmose qui porte à gagner. J'ai connu ça avec Børge Ousland, en allant au pôle Nord. En partant nous n'étions pas spécialement copains. Chacun de nous était champion dans sa catégorie, lui beaucoup plus spécialisé dans l'Arctique, moi l'homme tout-terrain. Ce qui aurait pu tourner en rivalité est devenu un surcroît de motivation. Chaque matin, à l'aube, c'était à qui mettrait le premier un pied hors de la tente. La compétition qui pouvait exister entre nous était tournée vers un objectif commun : aller au bout du voyage, ensemble, et survivre !

En racontant cette histoire aux joueurs, je sais que je touche un point sensible. Certains d'entre eux, qui ont tendance à jouer perso, commencent à l'intégrer : leur style de jeu évolue, l'objectif s'élargit : en servant le groupe chaque individu devient plus fort. Une équipe qui joue en synergie n'a pas besoin des 11 joueurs parfaits. L'objectif commun les rend plus solidaires. Ils s'appuient les uns sur les autres, pensent collectif, servent des ballons à celui qui est le plus apte à marquer. La dynamique du groupe l'emporte sur la gloire personnelle. C'est la base pour remporter une victoire. On touche à l'émotion, une émotion qui se propage entre les joueurs et qui finit par les porter en avant, avec une seule envie : gagner la coupe ! Je leur enseigne l'impor-tance d'être honnête avec soi-même et avec les autres. C'est la seule manière de ne pas décevoir l'autre sur ce que tu es capable de faire ou pas. Avec cette attitude, on peut jouer librement. On se libère d'une pression vis-à-vis de ses coéquipiers et toute l'équipe y gagne.

En juin 2013, l'équipe de cricket d'Afrique du Sud se déplace en Suisse. J'en profite pour les amener sur un glacier. Je compose trois cordées emmenées par Fred et un guide de montagne expérimenté. Je prends la tête d'un groupe. On démarre en douceur, la corde souple. Mais à mesure que la pente devient plus escarpée, la corde se tend, les pieds trébuchent, les types fatiguent. J'accélère pour accentuer la pression et ça commence à gueuler un peu dans les rangs.

— Vous voyez les gars, moi je vais m'en sortir mais vous non. Il y aura probablement deux ou trois maladroits qui vont tomber dans une crevasse et personne ne pourra les sauver. Alors allez-y, essayez de passer.

Ils savent que c'est impossible, malgré leurs capacités physiques, mais je tiens à leur faire une démonstration qui marque les esprits.

— Pendant que vous gueuliez, on a ralenti, alors ce que je vous demande maintenant c'est de garder le rythme. À vous de trouver la cadence pour que chacun avance sans trébucher. Tout le monde a ses faiblesses et ses points forts, il s'agit de les équilibrer pour faire une bonne cordée. Vous n'êtes pas là pour prendre, pas seulement, vous êtes là pour donner et pour participer. Trouvez votre valeur ajoutée et donnez-la aux autres. C'est le principe de la cordée. Et c'est pareil pour une équipe !

Au cours des quatre jours suivants les joueurs commencent à s'appuyer les uns sur les autres, à s'encourager plutôt qu'à s'engueuler. Ils deviennent solidaires, de façon instinctive. Ce genre d'entraînement, qui souligne les forces et les faiblesses de chacun, agit comme un révélateur. On ne peut pas se cacher sur un glacier. Ce que je veux leur montrer, au-delà de la pratique solidaire, c'est que plus on est honnête, plus on devient libre, parce qu'on n'a plus à s'encombrer de masques : le masque du vainqueur, du viril, de la grande gueule ou du « dernier ». Quand on s'expose, les faux-semblants ne protègent plus de rien. Seul compte qui on est vraiment au fond. L'argent, les positions sociales, les illusions ou l'ego se fracassent sur la réalité. Et c'est tout aussi vrai de l'existence.

Avec les Allemands, en 2014, le coaching a lieu sur notre voilier, en pleine mer. Une fois embarqués sur le *Pangaea*, ce ne sont plus des virtuoses du ballon rond mais des hommes confrontés à un élément imprévisible, l'océan. Ils doivent monter 350 à 400 kilos de voile. Pas question de lâcher la manivelle ou de ralentir la manœuvre. Le caractère des hommes se dévoile. Une semaine suffit pour que l'esprit d'équipe s'installe, et pas uniquement sur le terrain. La vraie victoire est là, dans le sentiment de progresser et de grandir ensemble. Quand tu reçois quelque chose d'un joueur, tu as envie à ton tour de donner. Cette notion d'échange entre joueurs est fondamentale. Tu dois aussi connaître tes faiblesses pour savoir où tu es le plus fort et donner le meilleur à l'équipe.

Hasard ou pas, après ces sessions, les équipes que j'ai entraînées remporteront leur finale et se hisseront au premier rang mondial. Je suis un homme d'action, bien plus qu'un coach, mais j'aime l'idée de transmettre, d'ouvrir une porte. De montrer un chemin...

17

Partir, revenir

Je n'aime pas rester sur un échec. Or, depuis que j'ai dû abandonner mon ascension du K2, en 2010, ce sommet m'est resté dans la tête. Je sais que, tôt ou tard, j'y retournerai. Si tu as un cœur de montagnard, la montagne t'appelle. Si tu n'es pas arrivé au sommet, elle t'appelle pour revenir. Avec la même intensité que ta famille t'appelle pour rester vivant. Tu dois trouver l'équilibre : si l'appel de ta famille est trop fort, tu ne partiras jamais ; et si l'appel de la montagne est trop puissant, tu ne rentreras pas vivant.

Le K2 est considéré par les alpinistes comme le plus périlleux des sommets au-delà des 8 000 mètres. C'est « la montagne des montagnes ». En moyenne, un grimpeur sur cinq y laisse la vie.

Été 2013 : l'expédition est formée. Trois hommes : Fred Roux, Köbi Reichen et moi. Nous nous connaissons tous déjà. Un quatrième vient s'ajouter : Adrian, l'ami sud-africain qui m'a accompagné le long des côtes de Somalie. Nous partons, confiants et décidés.

À Islamabad, le sort est contre nous. Impossible de rallier Skardu par la voie des airs. Trop de turbulences, les avions ne décollent pas. C'est d'autant plus ennuyeux que l'atmosphère du lieu a changé : les talibans font régner un climat de tension. Affronter les dangers de la nature, oui. Se mesurer à des fanatiques armés de Kalachnikovs, non. D'ailleurs, les autorités exigent que Jeeps, minibus, camions et autocars se regroupent en convoi. Pour assurer notre sécurité, chaque véhicule se voit doté d'un garde armé.

Le départ aura lieu sur une place où j'ai pris l'habitude de boire un thé très épicé. Je reconnais l'échoppe, une cahute noire et enfumée barrée d'un muret qui fait office de comptoir. J'y vais avec Fred. Le marchand y cuisine ses chapatis et du thé aussi fort qu'un espresso. L'homme est affairé à servir des Pakistanais. À notre approche, il lève la tête, nous reconnaît visiblement et quelque chose dans son expression m'alerte. Il me dévisage sombrement sans répondre à mon salut, puis se contente de secouer la tête d'un mouvement nerveux quand je commande du thé. Quelqu'un est en train de nous épier, je le sens de façon viscérale. Un taliban ? Le silence grossier du marchand ne fait que confirmer mon intuition. Ce type ne demande qu'à vendre ses produits, l'argent des touristes est trop précieux pour qu'il le méprise, mais à cet instant ce n'est manifestement pas son problème, quelque chose ou quelqu'un lui interdit de servir les koufars ! Je m'éloigne sans insister tout en observant les visages pour les mémoriser. Je suis certain que si quelque chose doit se produire, ce sera sur la piste, à un endroit où il sera quasi impossible de s'extraire. J'alerte discrètement les copains et on remonte le convoi, jusqu'aux véhicules de tête, histoire de s'assurer que personne ne nous a pris en filature. Les maisonnettes de brique qui flanquent chaque côté de la route font d'excellents points d'observation, mais soit les guetteurs sont bien planqués, soit la menace vient d'ailleurs. La caravane de véhicules est composée en grande majorité de touristes, surtout des alpinistes : il y a des Européens, des Chinois, des Russes, des Sud-Africains, des Japonais et des Américains… En cas de traquenard, c'est à eux que les talibans s'attaqueront de préférence. Plus j'observe, plus je sens la menace se préciser. Adrian a l'air tendu lui aussi, on a passé des semaines à guetter les pirates en mer, je le connais. Je lui parle à mi-voix :

— Je le sens pas, Adrian. Écoute, on va retourner à l'échoppe et tu vas demander du thé et des chapatis. Je veux être sûr de ne pas me tromper…

Il y retourne. Et se fait rembarrer. Le marchand refuse de lui vendre quoi que ce soit. J'envoie Hassan, le guide de l'expédition. Nous l'avons embauché parce que Jan, notre accompagnateur (et cuistot) habituel, est déjà retenu par une autre expédition. Hassan passe commande sans problème. Ça sent décidément mauvais, avec le nombre d'Occidentaux qui se pressent ici, il y a de quoi faire pas mal d'otages d'un coup ! La frontière de l'Afghanistan est proche, et certains Pakistanais partis chercher du travail là-bas reviennent embrigadés, armés et entraînés. En rejoignant le minibus, je remarque que le pick-up qui nous précède est plein de militaires. S'ils frappent par surprise, les talibans commenceront par lui. Je préviens le chauffeur que je ne veux pas me retrouver au milieu du convoi.

Par chance, il veut bien aller devant sans se faire prier. À la guerre, en Afrique du Sud, on nous a appris que dans un guet-apens les assaillants laissent généralement passer les premiers véhicules, ensuite il leur suffit de bloquer la colonne en tenaille pour empêcher toute manœuvre. Notre garde armé, à moitié endormi, accepte de s'asseoir à l'arrière avec moi. À tous les coups, il va somnoler la moitié du trajet et je préfère avoir accès à sa Kalachnikov. Je commence à échafauder une stratégie et à repérer les issues possibles. Les vieux réflexes reviennent d'autant plus facilement que nous sommes restés en alerte presque deux mois lors du voyage le long des côtes de Somalie vers Suez. En cas d'attaque, notre seule chance consiste simplement à ne pas nous laisser piéger. Une fois sur la piste, nous serons vulnérables, il suffira de quelques hommes bien armés et de quelques rochers qui jonchent le pied des falaises pour barrer la route.

Ambiance lourde…

Quand le signal du départ est donné, notre minibus se trouve, comme prévu, parmi les véhicules de tête. À chaque passage de col, je me tiens prêt à bondir sur le garde qui ronfle tranquillement. Les kilomètres défilent sans que rien ne se passe – excepté la conduite aléatoire du chauffeur – pourtant mon inquiétude persiste. Parvenue à l'embranchement qui mène vers le Nanga Parbat, une partie de la caravane emprunte la piste vers le dernier village, qui s'appelle Chillas. Surnommé « The Killer Mountain », le Nanga Parbat est le cinquième 8 000 du Pakistan, presque aussi redouté que le K2. Nous avons un peu hésité à faire notre première acclimatation dessus avec Fred et Köbi, et puis nous avons préféré nous consacrer entièrement au K2. Jan, notre ancien cuistot, se trouve avec le groupe qui s'élance vers le camp de base du Nanga Parbat.

Dans quelques heures, la tragédie va frapper la plupart de ces hommes.

On continue, direction Skardu. Depuis que le convoi s'est défait, l'atmosphère s'est nettement allégée. Je suis persuadé que si les talibans avaient dû attaquer, ils l'auraient déjà fait. À Skardu, nous effectuons nos derniers achats. Nous faisons le plein de fruits secs, de noix, de thé vert, impatients de nous mettre en route.

Et puis Adrian me prévient qu'il a reçu un message de Cathy : je dois rappeler de toute urgence. La voix de ma femme suffit à me serrer les tripes. Avant qu'elle ait prononcé deux mots, je comprends que c'est grave :

— Tu dois rentrer… Ta sœur a fait une chute à Singapour. Elle est entre la vie et la mort !

Elle m'explique qu'hier soir, alors que Céleste était sur la terrasse d'un restaurant à l'occasion d'un gala, elle s'est penchée pour apercevoir le défilé des invités, a glissé et a basculé, tête la première. Une chute de trois étages. Elle a eu la nuque brisée. Ils sont en train de l'opérer.

Pendant quelques instants, je reste K-O debout. Céleste a monté une agence de mannequins. Ma petite sœur artiste, tellement vivante… Je n'ose imaginer son état. Je dois partir tout de suite, sans perdre une minute ! Mon rêve de K2 me sort aussitôt de la tête, je n'ai plus qu'une obsession, rejoindre ma famille.

Alors que je m'apprête à reprendre la route vers Islamabad, j'apprends qu'une attaque des talibans a eu lieu au Nanga Parbat. Les routes sont bloquées. Des hommes ont investi le campement de base et massacré onze personnes, dix alpinistes et leur guide. Des Chinois, un Sino-Américain, des Slovaques, des Ukrainiens, un Lituanien, un Népalais et un Pakistanais... Ces hommes étaient partis avec nous, dans le convoi.

Je suis horrifié. Mais pas question de rester coincé ici. Ma mère n'a presque jamais quitté l'Afrique, elle va avoir besoin de mon aide à Singapour. Elle a soixante-quinze ans, elle ne parle pas la langue, elle ne connaît personne là-bas, mon frère est injoignable, elle ne tiendra pas le choc. Je veux la revoir.

Coup de chance, une Jeep de militaires est sur le point de rejoindre la capitale et il reste une place. Nous partirons sans l'appui d'un convoi, mais peu importe. Je suis obnubilé par l'état de ma sœur. Le chauffeur fonce aussi vite qu'il peut, au risque de nous planter dans le ravin. Aux barrages, à la sortie de certains villages, la confusion règne. Personne ne semble capable de démêler les consignes contradictoires. Les militaires parlementent, expliquent que je dois rejoindre ma mère en urgence, et quand les autres font mine de bloquer, il joue sur la culpabilité... Ça marche ! Les hommes en armes s'écartent et on repart à tombeau ouvert. Nous serons probablement les derniers à passer avant le bouclage total de la route.

Après dix-huit heures d'une route d'enfer, j'arrive à Islamabad, juste à temps pour prendre l'avion qui m'amène à Dubai. De là je trouve un vol pour Singapour. Ma mère et Cathy sont déjà arrivées au chevet de Céleste dans le service de réanimation. Vivante... Ma sœur garde les yeux ouverts, le regard un peu vague, elle ne répond pas aux questions et semble totalement amorphe. Malgré tout, quand je me penche sur elle, je vois dans ses yeux qu'elle me reconnaît. Ma mère m'apprend qu'elle n'a pas dit un mot depuis son réveil.

Les nouvelles sont moins terribles que ce que je redoutais. Céleste a eu la seconde cervicale brisée, mais, heureusement, les secours l'ont parfaitement immobilisée avant de la transporter. À son arrivée en chirurgie, le service a voulu, en vain, joindre la famille avant de tenter l'opération, ultra risquée. Il fallait ouvrir en urgence, un œdème était en train de comprimer le cerveau. Par miracle, le chirurgien qui devait opérer a reconnu notre nom. Cela fait des années qu'il suit mes aventures, lit mes livres et collectionne les montres Horn. La dernière, créée par Panerai pour le voyage autour du pôle, il la porte justement à son poignet. Faute de pouvoir joindre quelqu'un de la famille, il décide d'opérer quand même, convaincu que c'est ce que je voudrais. Sa rapidité a sauvé ma sœur.

En m'invitant à déjeuner, le jour de mon arrivée, le chirurgien tente de me rassurer. L'état de Céleste est stabilisé et elle est sous surveillance 24 heures sur 24. Le médecin me confirme qu'elle souffrira de séquelles permanentes, mais que le pire a été évité et qu'elle pourra remarcher ; comme il a soudé les vertèbres, le mouvement latéral sera entravé. Pour l'instant elle souffre d'amnésie momentanée, mais tout devrait rentrer dans l'ordre avec un travail adapté. J'ai beau être rassuré, le coup est rude. Céleste déborde de créativité, elle est dynamique, rieuse, bonne vivante. Comment supportera-t-elle de vivre diminuée ?

Je me reprends très vite, parce que je ne sais pas me morfondre et qu'il y a un tas de détails concrets à régler. Cathy, ma mère et ma sœur aînée me rejoignent un jour plus tard. Mon frère aussi arrivera dans quelques jours. Je dois trouver un appartement pour ma mère qui veut rester à Singapour jusqu'à la sortie de Céleste. Elles rentreront ensemble en Afrique du Sud, dès sa sortie de l'hôpital, d'ici un mois ou deux.

Dans les moments durs de la vie, avoir une famille soudée est infiniment précieux. Une famille lâche tout pour venir aider, spontanément, sans réfléchir... C'est le meilleur appui, le plus sûr, le plus proche. Même quand la situation est grave, ce soutien résout, tout de suite, une multitude de problèmes. Ma famille me donne la liberté de repartir.

Ma mère installée, les aspects matériels réglés, je m'interroge : est-ce que cela vaut la peine de retourner au K2 ? Fred et Köbi n'ont pas besoin de moi pour grimper, ils doivent être sur le point d'arriver au camp de base et vont entamer leur période d'acclimatation. Quoi que je fasse j'aurai pris du retard... Alors ? J'ai beau réfléchir au problème, l'idée de renoncer à l'expédition me pèse. Cathy finit de me convaincre.

— Tu ne peux rien faire de plus, Mike. Si tu restes là tu finiras par avoir des regrets. Ton frère va arriver et prendre la suite. Tu as fait ce que tu pouvais, vous êtes quatre, vous pouvez vous relayer. Retourne là-bas sans t'inquiéter, ta sœur est sauvée et elle sait que tu l'aimes.

Cathy, toujours présente, toujours de bon conseil, si souvent au loin...

Même si je suis resté moins d'une semaine à Singapour, je dois demander à nouveau un visa d'entrée au Pakistan. À Islamabad, c'est le souk. Les routes sont fermées, l'armée traque les talibans et je rate trois vols à destination de Skardu, soit par manque de place, soit à cause d'un problème technique. Mes amis patientent, j'enrage à l'idée que je pourrais être là-bas en une petite demi-heure ! Au lieu de quoi, je dois trouver un gars qui accepte de m'emmener contre quelques dollars. En partant avec un Pakistanais, je me fondrai plus facilement dans le paysage, ce n'est pas le moment de louer un 4 × 4 flambant neuf. Malgré cette précaution, je ne suis pas tranquille. Cette fois-ci, pas de militaires ni d'armes pour riposter en cas de pépin. Durant les deux jours de voyage, la route, déjà pénible, me semble interminable. Je me dissimule à l'approche d'un village. À Skardu, je trouve une Jeep qui veut bien m'amener à Askole, où deux porteurs m'attendent. Avec ce qui s'est passé, les autorités ne sont pas vraiment chaudes pour laisser un touriste se balader seul dans la région, sauf que je n'ai aucune envie de passer huit jours à attendre. Je n'ai quasiment rien, juste un sac à dos que je bourre de nourriture et d'eau. Plus je traîne, plus j'accumule les journées perdues et plus l'écart avec les autres se creuse. Tant pis, j'y vais.

Je m'élance au pas de course, sur les sentiers étroits, à flanc de falaises, je passe les ponts suspendus, j'escalade une moraine jonchée de pierres instables, je cours sans m'arrêter, sauf le temps de manger un peu, de boire et de dormir quelques heures dans un sac de couchage. La frustration me donne une formidable énergie. Céleste est vivante, ma famille est préservée et je vais grimper sur la deuxième plus haute montagne du monde ! En deux jours au lieu des six ou sept prévus, je suis au camp de base du K2.

Les retrouvailles sont joyeuses. Il n'y a pas grand monde sur le site, avec les alpinistes et les sherpas, nous sommes environ une trentaine. Parmi les expéditions il y a des Japonais, des Grecs, des Argentins, des Australiens, et deux Néo-Zélandais, père et fils, accompagnés d'un copain australien. Ils ont planté leur tente à côté de la nôtre. La tension est un peu retombée avec les premières arrestations et on apprend que les routes sont ouvertes à nouveau. Adrian, qui n'était là que pour faire un trekking, en profite pour rentrer en Afrique du Sud. Pendant que je m'installe, Fred et Köbi montent établir le camp 2, à 6 600 mètres. Les conditions sont excellentes et nous avons décidé de passer une nuit là-haut dès que possible. Je suis prêt à tenter le coup, quitte à rebrousser chemin si mon corps flanche. Deux jours après mon arrivée, top départ. Mes amis ont eu le temps de s'acclimater. Moi pas. Mais tant pis : je suis assez entêté pour combler la différence.

Cette première ascension est rude malgré les nouveaux crampons et piolets de Petzel, mon sponsor, qui accrochent parfaitement. Je monte comme une brute, concentré sur chaque pas pour ne pas penser à la douleur de mes muscles. J'ai presque oublié combien un effort violent est pénible. J'arrive au camp deux heures après les autres, à moitié mort de fatigue. Comme nous sommes les premiers à ouvrir la montagne, Fred et Köbi ont choisi le meilleur emplacement, un endroit relativement préservé des vents. Sur le K2, ceux-ci sont féroces. Quand la bourrasque se déchaîne, il devient presque impossible de se tenir debout, une rafale peut même faucher un homme. Pour l'instant, nous avons de la chance, les conditions de neige sont optimales, les températures stables.

Pendant la nuit, le mal de tête me réveille – classique – et je sors vomir. C'est la première fois que je ressens le mal des montagnes. J'ai la tête comprimée dans un étau. Je sais que j'ai forcé. Monter de zéro à 6 600 mètres en quelques jours, c'est violent. Mon corps proteste. Je n'arrive pas à me rendormir, il fait froid, nous sommes entassés à trois dans cette tente et la migraine ne me lâche pas, lancinante. Malgré tout je ne suis pas inquiet, je connais assez mes limites pour savoir que c'est juste un mauvais moment à passer.

Le lendemain, dès qu'on redescend au camp de base avancé, la migraine disparaît complètement. Je suis content de ma performance. Les choses se sont plutôt bien passées et j'ai quasiment rattrapé mon retard sur les autres. La prochaine fois, Fred et Köbi veulent pousser à 7 600 pour planter nos tentes d'altitude et habituer nos organismes. Ensuite, il restera un dernier bivouac à installer aux environs des 8 000 mètres, et nous serons parfaitement prêts à tenter le sommet.

Mais le temps se dégrade dans les heures qui suivent. Cathy nous confirme qu'un front de mauvais temps arrive et va sans doute s'attarder plusieurs jours, ce qui me laissera du temps pour finir de m'acclimater.

Chaque matin, nous sommes réveillés par un froid mordant. Le campement est balayé par le souffle glacé des montagnes. Pendant la nuit, le thermomètre se maintient à peine au-dessus du niveau de congélation, soit − 15 °C. Difficile de croire qu'on est en plein mois de juillet ! Là-haut, ce doit être l'enfer. Je profite de cette pause forcée pour aller marcher au pied du colosse, je prends des photos sans m'aventurer très loin. Les pentes sont chargées en neige et ça peut descendre n'importe quand.

L'ambiance sur le camp de base est bien meilleure qu'en 2010. Les tragédies qui ont endeuillé la communauté des grimpeurs ont suscité un élan de solidarité qui n'a pas toujours cours entre les expéditions. Début juillet, après le massacre sur le Nanga Parbat, une Allemande est tombée dans un cours d'eau du glacier du Broad Peak en prenant la pose pour son copain et on vient d'apprendre que le polonais Artur Hajzer a fait une chute mortelle dans le couloir des Japonais, sur le Gasherbrum 1. Tristesse...

Beaucoup d'expéditions ont renoncé : nous nous retrouvons à seize grimpeurs, dans une atmosphère quasi familiale. Notre tente devient le point de rendez-vous. Il y règne un esprit de franche rigolade et la réputation de notre équipe n'y est pas pour rien : Fred et Köbi sont particulièrement respectés dans le petit monde de la montagne, quant à moi, je reste un sujet de curiosité, aventurier de l'extrême, grimpeur débutant qui a déjà trois 8 000 à son actif ! Si deux types s'embrouillent ou que la situation se tend entre sherpas et Occidentaux, on vient nous demander de servir de médiateurs. Sous la tente de mess, nous discutons de tout : prévisions, itinéraires, difficultés techniques. Pour varier l'ordinaire en cuisine on a prévu quantité de fromage à fondue, de la viande séchée, du chocolat suisse et des bouteilles de whisky.

Chaque soir, il y a des fêtes improvisées, des projections ciné (on a emporté pas mal de films sur un disque dur) et nos éclats de rire résonnent loin sur la moraine. Nous sympathisons avec nos voisins de tente, les Néo-Zélandais, Marty et Denali Schmidt, père et fils, et leur partenaire australien, Chris Warner. Marty possède une agence de haute montagne. Il a accompagné huit expéditions sur l'Everest et jouit d'une excellente réputation de guide. L'équipe espagnole passe régulièrement, avec Alex Txikon (qui en est à son neuvième 8 000) et Félix Criado. Ils montent sans oxygène et partagent notre approche pure de la montagne. Avec eux, pas de boniments, on se fait mutuellement confiance et si on arrive à se coordonner, on envisage de passer ensemble par l'éperon sud-est. Réunir de petites équipes facilite la trace, qui sera ardue à faire après les précipitations des derniers jours. Il y a aussi le Mexicain Benjamin Salazar, qu'on surnomme « Mexican Tiger », un aventurier qui doit avoir mon niveau et qui a fait l'Everest. Son expédition se résume à deux Pakistanais et un sherpa. Les Japonais, eux, montent de façon plus classique et commerciale mais l'entente est cordiale entre toutes les équipes.

Patience. Au bout d'une semaine de temps exécrable, les premiers signes d'amélioration se font sentir. Nous avons prévu de passer vingt-quatre heures au camp 3, vers 7 600 mètres, de façon à produire un maximum de globules rouges et recharger notre organisme en oxygène. Avec cette acclimatation radicale, nous espérons limiter les effets de l'altitude dans la zone de mort.

En attendant les conditions optimales, nous vérifions le matériel et planifions notre progression. Mieux on se prépare, plus on augmente nos chances de revenir entiers. Le sommet n'est que la moitié du voyage, Fred et Köbi me le répètent assez...

Le 16 juillet arrive : mon anniversaire. Il me rappelle que je dois réaliser mes rêves avant qu'il ne soit trop tard. J'aime tellement ces montagnes que j'ai déjà passé trois anniversaires entre 5 000 et 7 000 mètres, sans champagne ni petits-fours, étouffé par le manque d'oxygène, mais tellement heureux. Pour moi, l'anniversaire, ce n'est pas seulement une fête de naissance. C'est le rappel que tu as une année de moins pour réaliser tout ce qu'il te reste à faire. Ça veut dire : « Bouge ton cul, mon pote, et vite ! »

Cette année, parce que Céleste aurait pu mourir, je ressens l'urgence de célébrer la vie. Le temps file tellement vite, j'ai besoin de vivre à fond, tout peut s'arrêter en une seconde, je ne veux rien regretter. Le sentiment d'exister me remplit intensément. Fouetté par un air vif qui me coupe la respiration, j'ai l'impression de sentir les 5 000 mètres de roches et de glace sous mes pieds. Mon bonheur est là, tangible, dans ces montagnes gigantesques, dans le vent cinglant et cette lumière qui semble irradier de la neige partout autour de moi !

J'ai quarante-sept ans aujourd'hui, et la vie devant moi.

18

Le cœur lourd

Nous nous mettons en route. Jusqu'au camp de base avancé le dénivelé n'est que de 400 mètres, mais nous passons une zone de glacier très exposée aux coulées. Une heure de grimpe, à se demander si la montagne va se vider... Puis la montée devient très raide et ce sont les chutes de pierres qui menacent. Nous sommes partis assez tôt pour arriver à l'aube, quand le froid gèle encore les pentes. La progression devient plus lente jusqu'à la crête rocheuse qui mène au camp 2. Les pentes, escarpées et techniquement délicates, sont essentiellement formées par un mélange de roches et de glace. Ici, le moindre faux pas signifie la fin. En cas de chute, il n'existe aucun obstacle pour enrayer la glissade et on s'écrase au pied du K2. Cette portion de l'ascension prend parfois deux journées quand les conditions météo sont mauvaises. Dans les parties moins abruptes, la neige est tombée en couche épaisse, en grande quantité, et il faut brasser, brasser encore pour faire une trace, le souffle coupé à chaque pas. Les vents ne nous laissent pas de répit.

Nous arrivons exténués au camp 2. On prévoit de dormir quelques heures et de partir tôt pour redescendre au camp de base et bien s'acclimater.

Nous avons le temps de bien récupérer avant la troisième ascension. La semaine de mauvais temps me permet de rattraper mon retard d'acclimatation. Je me sens en pleine forme lorsque nous décidons de commencer la montée sur ces pentes d'un blanc étincelant. Tout est recouvert de neige.

Après des heures de progression, une mauvaise surprise nous attend au camp 2. Notre tente a été arrachée par la tempête et il ne subsiste plus grand-chose du bivouac, sauf deux sacs de couchage, celui de Fred et le mien. Nous avons pris la précaution de les fixer à la glace. Celui de Köbi en revanche a été balayé, il ne possède plus que son duvet de secours, qui n'est pas vraiment adapté à ces conditions. Heureusement, nous avons aussi enterré deux petites tentes pour le camp 3. Elles nous permettront de passer la nuit à l'abri.

Le lendemain, réveil avant l'aube. On replie le bivouac en vitesse et on se met en route vers le camp 3, Fred et Köbi en avant, moi à une centaine de mètres derrière. En contrebas, les sherpas sont en train de baliser la voie pour les expéditions qui auront besoin de cordes fixes. Nous nous trouvons dans la zone de la Pyramide noire, en dessous de l'épaule du K2. Vers 7 200 mètres, les conditions ne sont pas optimales, c'est le moins qu'on puisse dire. La couche de neige est tellement épaisse qu'on doit lutter à chaque pas pour ouvrir la voie, et la bourrasque accroît cruellement la sensation de froid mordant. Brusquement, Fred et Köbi entreprennent de faire demi-tour. Je reprends mon souffle en les regardant approcher. Fred secoue la tête d'un air déçu.

— Mike, tu peux aller regarder par toi-même… Köbi et moi on pense qu'on ne passe pas, c'est trop dangereux.

Puis il s'agenouille et commence à enfouir une des deux tentes destinées au camp 4 au pied d'un rocher. Cela lui évitera de la balader inutilement. Après consultation, nous décidons de passer une autre nuit au camp 2, alors que Köbi préfère redescendre. Il ne tient pas à dormir à plus de 7 000 mètres avec son sac inadapté.

La soirée est joyeuse malgré le contretemps. Le plus difficile a été fait, nous sommes persuadés que la chance va enfin nous sourire. Demain, on redescendra au camp de base et on prendra trois ou quatre jours de repos. Logiquement, nous sommes prêts à monter sur le balcon qui culmine à 8 000 mètres pour installer notre dernier bivouac. Et si tout va bien, nous enchaînerons sur notre première tentative au sommet.

19 juillet : il nous reste encore une quinzaine de jours avant que la saison ne vire lentement à l'hiver. Pour maintenir la forme et mettre toutes les chances de notre côté, nous décidons de perdre de l'altitude, histoire de faire le plein d'énergie. Le camp de base du Broad Peak est à une bonne heure de marche rapide, à 4 570 mètres. Plus on perd en altitude après être monté haut, mieux le corps recharge ses batteries en oxygène.

Sur place, l'agent de liaison qui a organisé notre expédition nous accueille, en proie à une grande agitation. L'homme nous entraîne vers une tente du mess en nous expliquant la situation : trois Iraniens sont perdus en haut du Broad Peak depuis une journée. Ils se sont trompés de chemin et ont buté sur une barre de rochers. Épuisés, assoiffés, ils ont envoyé un appel de détresse, mais, pour l'instant, personne n'a réussi à les localiser. En recoupant les explications, il s'avère que les trois jeunes ont voulu établir une nouvelle voie, une variante pour rejoindre directement le pic central en évitant l'avant-sommet et l'arête sommitale interminable. Selon toute probabilité, le groupe a atteint le sommet Nord, puis les grimpeurs ont voulu redescendre par la voie classique, avant d'être stoppés par la barre de rochers. Ils n'ont ni nourriture ni eau. Pour gagner en légèreté, ils n'ont pas voulu emporter d'oxygène, or ils sont bien au-dessus de la limite acceptable. Nous nous consultons silencieusement du regard : cela fait beaucoup d'heures dans la zone de mort.

Leur guide, Sultan, qui représente l'agence ATP (Adventure Tour Pakistan), est justement en train de leur parler à la radio. Je lui pose la question :

— Pourquoi est-ce qu'ils n'ont pas essayé de redescendre par la voie qu'ils ont empruntée en montant ?

— Ils n'ont pas posé de cordes fixes. Et leur copain va mal, ils ne voulaient pas le laisser.

— Ils doivent rejoindre le pic central et remonter l'arête sommitale, jusqu'au col. À partir de là, on pourra leur porter secours.

Il s'agit du col où j'ai laissé le Russe en 2010, enfoui dans son sac de couchage. L'homme a été récupéré par des membres de son expédition, plus tard. L'Iranien hoche la tête sombrement.

— Ils disent qu'ils sont trop faibles, ils n'y arriveront pas.

L'équation est mortelle. Plus ces hommes passent de temps là-haut, plus leur organisme s'épuise. Il faut absolument qu'ils descendent sous la fameuse ligne des 7 500 mètres, sans quoi ils ne tiendront pas longtemps. Priorité absolue : les localiser aussi précisément que possible. Si mes souvenirs sont bons, la face qu'ils ont empruntée donne sur le camp de base, ils devraient donc apercevoir les tentes.

— Demande-leur s'ils voient le camp de base.

Un silence. Puis les crachotements reprennent.

— Ils disent que non. Juste de la neige et des rochers. Pas de tentes.

Cela ne peut signifier qu'une chose : ils ne sont pas là où ils pensent. Le mal des montagnes a faussé leur faculté de jugement.

— Ils voient le K2 ?

— Non.

— Et Concordia ?

— Non plus !

C'est encore pire que ce que j'imaginais. Si ces jeunes se trouvent sur le sommet Nord, alors ils sont allés dans la mauvaise direction, vers la Chine, là où il est impossible de les récupérer, à cette distance, à cette altitude. Et pas question d'envoyer une cordée en passant par la Chine, le versant est lézardé de crevasses et de roches à pic. Il va falloir qu'ils se débrouillent seuls, d'une façon ou d'une autre.

— Explique-leur qu'ils sont du mauvais côté. Il faut qu'ils remontent au sommet et qu'ils cherchent une arête qui descend en demi-lune jusqu'au pré-sommet. Le camp de base se situe sur la gauche. Le K2 aussi. À partir de là, on pourra les aider. Ils doivent laisser tout ce qui n'est pas utile et partir tout de suite.

La radio se tait un long moment. Les jeunes sont probablement en train de se consulter. Ils doivent abandonner leur copain. Je ne l'ai pas dit clairement, mais il n'y a pas d'autre solution. Ils auraient même dû le faire avant. À force d'attendre, ils risquent d'y passer tous les trois. Dans la tente du mess, la tension est à son maximum. Les visages sont graves, les traits tirés. C'est terrible de savoir qu'à 4 kilomètres d'ici des hommes sont en train de mourir et que nous sommes impuissants. La voix reprend dans la radio, altérée par l'angoisse.

— On n'a pas la force de remonter, on est coincés, on a des gelures aux mains, aux pieds, on crève de soif, on n'a pas bu depuis qu'on a quitté le camp 3, il y a vingt-quatre heures. Notre seule chance de rentrer, c'est que quelqu'un vienne nous chercher…

Le silence qui suit est écrasant. Sultan me dévisage. Les autres aussi. Ils me connaissent de réputation, ils savent que j'ai fait des choses extrêmes. L'un d'eux me lance :

— Tu es d'accord pour leur apporter du matériel ? Il leur faut des médicaments, de l'eau, une tente et des sacs.

Un autre renchérit :

— Au camp 3 une expédition propose de donner son oxygène et d'aider au sauvetage.

Je suis incapable de repartir sans avoir tenté quelque chose, même si cela doit compromettre notre expédition. Nous allons devoir repasser au camp de base du K2, récupérer nos crampons et nos piolets, une trousse d'urgence, de l'adrénaline, les combinaisons et nos sacs, revenir au camp de base du Broad Peak, monter d'une traite à 8 000 mètres, retrouver les types et se débrouiller pour les traîner jusqu'au col, tout ça à une altitude ou lever un pied demande un effort de volonté terrible. Fred et Köbi sont très sceptiques sur les chances d'y arriver. Fred est partant pour tenter le coup, à condition d'avoir de l'oxygène disponible là-haut. Köbi ne cache pas son pessimisme.

— Je ne vois pas comment on pourra sauver qui que ce soit. Si c'était à 6 000 mètres, ce serait encore jouable, mais là il est question de secourir deux types à 8 000 mètres et de les redescendre ! C'est impossible. Je ne vous laisse pas tomber mais je n'y crois pas. Je vais me poster en bas et je vous guiderai avec les jumelles.

Pendant qu'on se met d'accord sur les détails, le contact radio est rompu, faute de batteries. Par chance un des Iraniens possède un téléphone satellitaire. Moi aussi. Le problème, c'est qu'à cause de ses engelures, il n'est plus capable de composer un numéro, il peut juste appuyer sur le bouton de rappel de sa famille, en Iran. Quand la connexion est établie, le père me supplie :

— Mike, nos enfants ont vingt-deux, vingt-quatre, vingt-six ans. Leur seul espoir, c'est toi et tes amis.

J'ai la gorge serrée.

Il nous faut une heure pour retourner à notre campement à fond de train. Intrigués de nous voir débouler, Marty et Denali viennent aux nouvelles. Quand ils apprennent le drame, ils proposent de partir avec le matériel lourd qu'ils monteront au camp 3. Cela nous permettra de gagner un temps précieux.

De retour au Broad Peak, j'appelle la famille. Je

veux bien tenter l'impossible à condition que les survivants bougent de leur côté.

— S'ils veulent survivre, vos enfants doivent abandonner leur ami. Il est perdu de toute façon. Ils n'ont
plus le choix, ils le savent. À partir de maintenant,
c'est chacun pour soi. Avec beaucoup de chance et de
courage, ils ont encore un petit espoir de s'en sortir.

Leur réponse me parvient en quelques minutes. Les
deux Iraniens encore valides vont essayer de regagner
le sommet. Leur ami a sombré dans l'inconscience.

On se met en route. Toutes les heures, j'allume mon
téléphone pour faire un point sur la situation. Selon
le père d'un des survivants, les grimpeurs ont réussi
à atteindre le sommet principal et se dirigent actuelle-
ment vers le pré-sommet. Köbi me rappelle par radio.

— La montagne est vide, Mike. Ça fait plus de
quatre heures que je scrute ce foutu relief, personne
n'est passé par le sommet.

Il y a forcément un malentendu. La famille n'a
aucun intérêt à raconter des bobards... Peut-être que
Köbi les a manqués. Mon malaise grandit, mais je
n'ai pas le temps de m'appesantir. Combien de temps
leur reste-t-il ? Après deux jours dans la zone de mort,
quelles sont les chances de survie ? Ces types sont
jeunes, costauds, je dois leur laisser le bénéfice du
doute.

Au camp 3, les secours s'organisent. Une alpiniste
mongole sacrifie son ascension en donnant l'oxygène
disponible et une expédition mexicaine envoie ses
guides au sommet pour repérer les Iraniens et leur
donner les premiers soins sur place. À l'approche du
camp 1, de plus en plus soucieux, je rappelle Köbi.

— Tu vois les sherpas qui montent ?

— Oui, parfaitement.

— Ils sont où ?

— Ils arrivent au pré-sommet.

— Ils ont trouvé quelqu'un ?

— Un corps encore attaché à une corde. Peut-être deux. Mais ils ne sont pas certains que ce sont les jeunes.

Cet hiver, deux Polonais ont disparu sur le Broad Peak. J'appelle Marty par radio. Avec Denali, il est monté au sommet du Broad Peak avant d'enchaîner sur le K2.

— Quand tu étais au sommet du Broad Peak, est-ce que tu as vu un cadavre accroché aux cordes ?

— Oui, on est tombés sur un mort totalement gelé avant le pré-sommet.

Ce ne sont pas les Iraniens mais bien les Polonais. Logiquement, les survivants sont quelque part sur l'arête, la famille l'affirme. Köbi me tient informé par radio de la progression des porteurs.

— Les sherpas sont là depuis une demi-heure, ils ne bougent pas, ils regardent. On essaie de les contacter par radio, mais ça ne passe pas, les batteries sont probablement mortes... Je crois qu'ils font demi-tour... Ils rentrent, Mike, c'est mauvais ça... !

La nuit est tombée depuis longtemps quand les porteurs rejoignent le camp 3 et nous expliquent ce qui s'est passé. Ils n'ont vu personne, aucune trace des Iraniens. Ignorant dans quelle direction aller, ils ont fini par renoncer pour sauver leur peau.

Fred et moi on vient d'arriver au camp 1, totalement vidés. Ces informations sont en totale contradiction avec celles des parents. Des Mexicains qui descendent du camp 3 m'informent que cela fait presque deux jours qu'ils ont perdu le contact. Nous les croisons alors que nous montons le Broad Peak pour tenter un sauvetage. Mes doutes grandissent. Je décide de contacter un copain médecin, en Suisse, spécialisé dans la médecine de haute montagne. Il m'a beaucoup aidé quand j'ai souffert d'engelures. Son avis sera objectif, sans parti pris. Par chance il est chez lui.

— Jacques, je ne sais plus quoi décider. On tente de sauver des grimpeurs qui viennent de passer presque deux jours à 8 000 mètres. Les conditions météo sont correctes et même bonnes, pas trop froid ni trop de vent. C'est le seul point positif. Ils n'ont pas d'eau, rien à manger. Et ils souffrent d'engelures et sans doute de désorientation.

La réponse ne se fait pas attendre.

— S'ils ont une excellente constitution, 10 % de chances d'être en vie. Maximum.

Je dois informer la famille, leur dire qu'il ne sert plus à rien de s'obstiner, mais le père s'entête et supplie :

— Ils sont tout près du col. Ils vous voient monter, au-dessus du camp 3 !

À cet instant, je réalise que cet homme est en train de mentir. Les jeunes ne peuvent pas nous voir. Ils ne sont pas au col ni au pré-sommet. Je doute même qu'ils aient bougé de leur rocher. Le père serait prêt à affirmer que la Terre est plate pour que les recherches continuent, il ne leur parle pas au téléphone, il a même certainement perdu le contact. La certitude m'envahit. C'est fini. Ils sont morts.

Cela fait vingt-quatre heures que je leur ai parlé par radio. Depuis, rien, sauf cet homme désespéré. Jamais il ne comprendra qu'à 8 000 mètres, les choses se passent différemment, ni même qu'on risque tous notre vie. Il veut seulement qu'on lui ramène son enfant et il compte sur nous. Alors, même si c'est trop tard, par respect pour sa douleur, j'accepte de repartir. Je m'y sens poussé, presque obligé. Pour accepter le pire, ce père a besoin d'aller au bout de cet espoir insensé, de croire que des gens ont tenté l'impossible.

Je rappelle Jacques et quelques autres médecins pour leur demander un avis. Quoi qu'il se passe, la famille doit entendre la vérité pour s'y préparer.

Trois heures après, une connexion est établie avec la famille. Les prévisions de Jacques ont baissé depuis mon premier appel. À présent il ne leur donne que 5 % de chances d'être en vie. Les autres médecins le condamnent : « Ils sont morts. »

En privé, je pose une dernière question à mon ami. Je veux savoir si on a une chance de les ramener en bas. Sa réponse est brutale, sans hésitation.

— Aucune. Chaque minute qui s'écoule les rapproche de la fin, s'ils respirent encore. Tu peux les trouver, mais tu ne les ramèneras pas. Au mieux, tu pourras attester qu'ils sont morts, rapporter une montre ou une bague. C'est tout.

Fred donne le coup de grâce. Lui non plus n'y croit plus.

— On va arriver en haut et trouver quoi ? Trois pauvres types couchés les uns sur les autres pour se réchauffer, gelés, sans oxygène. C'est fini, Mike.

Je sais qu'ils ont raison, mais je refuse d'abandonner encore. Marty, par radio, au pied du Broad Peak, s'y oppose. Il me ramène à la raison. Je joins une dernière fois le père désespéré et je lui conseille de commander un hélico pour localiser les corps. Leurs enfants sont désormais hors d'atteinte.

Le lendemain matin, au camp de base du Broad Peak, deux hélicos arrivent et redécollent sans que je sois prévenu. Un porteur, témoin de la scène, me racontera que l'une des familles a loué les services d'un Allemand, un prétendu expert qui a promis d'aller chercher les jeunes gens. Le pseudo-expert ne sait même pas où situer le camp 3 au Broad Peak, il ignore la position des campements, sans parler de la voie empruntée par l'expédition. Deux heures durant, les hélicos tournent en rond, passent, montent et descendent, repartent. Et rentrent bredouilles.

Le retour au camp de base du K2 est rude. On a à peine posé nos sacs que Jan débarque. Notre ex-cuistot a changé. Cela fait près d'un mois que l'attaque des talibans a eu lieu sur le Nanga Parbat. Il y a survécu. J'ai l'impression de revoir un homme qui a traversé l'épreuve du feu. Ce n'est plus le type enjoué, toujours optimiste que nous avons connu. Il est parti d'Askoli à pied pour nous retrouver. En 2010, Fred l'a aidé à acheter un taxi. Jan avait besoin de gagner de l'argent pour faire soigner sa femme malade, et l'envoyer à l'hôpital de Karachi.

Il raconte l'attaque, le visage hanté.

— Tout le monde était tranquille, dans sa tente. Beaucoup dormaient déjà, il y avait quelques lampes allumées. Moi j'étais encore debout. Ils sont rentrés à dix-sept dans le camp, camouflés, avec des armes.

Ils ont hurlé qu'il fallait sortir des tentes avec l'argent, les passeports. Quand ça n'allait pas assez vite, ils traînaient les gens dehors. Ils ont aligné les himalayistes, à genoux, les bras attachés dans le dos, et ils ont pénétré dans les tentes pour chercher l'argent, les téléphones satellite. Pas les Pakistanais. Je leur ai dit que maintenant qu'ils avaient ce qu'ils voulaient ils devaient partir et laisser ces hommes. Ils m'ont frappé en pleine tête, d'un coup de Kalachnikov. J'ai voulu me relever, ils m'ont bourré de coups de pied. Ensuite ils ont crié : « Qui est américain ? » et personne n'a répondu. Il y en avait un, un seul, un Chinois à moitié américain, il n'a rien dit. Alors ils sont passés derrière les prisonniers et ils ont tiré, l'un après l'autre, juste comme ça. Et moi, comme j'étais sur leur chemin, ils m'ont commandé de dégager. Et ils ont continué. Ils ont tué aussi un cuistot pakistanais. Moi, ils m'ont laissé vivre. Je ne sais pas pourquoi. L'autre survivant c'est un grimpeur qui s'est caché dans les toilettes.

Nous l'écoutons, le cœur lourd. Trop de morts d'un coup, trop de malheurs. Ce matin même, on vient de nous apprendre que deux grimpeurs se sont perdus sur G1 et qu'on craint le pire.

J'ai ma dose… Céleste, les onze massacrés du Nanga Parbat, les Iraniens, l'Allemande noyée, même la météo pourrie se met de la partie. Pourtant il n'est pas question de renoncer. Ce serait comme si on cédait au cauchemar. Physiquement, on peut partir n'importe quand. Selon Cathy, après quelques chutes légères de neige, il va faire grand beau. On attend. Toutes les expéditions se préparent. On passe une dernière soirée tranquille en compagnie de Marty et de Denali à regarder un film. Pour ne pas se retrouver au beau milieu des autres expéditions, nous partirons le 25 juillet, un jour après tout le monde, avec les Espagnols. Nous irons au camp 2, sans nous arrêter ce qui nous permettra de dépasser les expéditions. Ensuite on piquera sur le balcon, à 8 000 mètres.

Le 25, les précipitations légères se changent malheureusement en neige drue, rien à voir avec les prévisions. Tant pis. On verra bien comment ça se présente vers 6 500 mètres. Juste avant d'arriver au camp 2, nous sentons vraiment la différence. On entre dans la haute montagne, sauvage, imprévisible, avec des vents cinglants. Derrière nous, Marty et Denali suivent comme ils peuvent.

Il y a trop de neige. À l'approche du camp, on est enfoncés jusqu'aux cuisses. Avec une pente qui augmente les dangers d'avalanche. Brusquement, c'est comme si un mur se dressait devant moi, indépassable. Si je poursuis, je continue vers ma mort, j'en suis convaincu. J'ai déjà ressenti cela à la guerre quand je devinais la présence de mines indétectables, comme à travers le mur... Ma petite voix intérieure me hurle de redescendre. Fred et Köbi se sont arrêtés. On se regarde, on a tous compris.

C'est la fin.

La montagne ne nous laissera pas passer.

Demi-tour.

En repartant, nous prévenons tout ceux qu'on croise : Marty et Denali, qui ne partagent pas notre avis sur les risques, Chris, Mexican Tiger, Alex et Ali. À tous, on répète la même chose. Il y a trop de neige, des plaques à vent et des risques d'avalanche.

Au mieux, ils atteindront le camp 3. Plus haut, le risque est trop grand.

Tout le monde renoncera sauf Marty et Denali.

Nous parvenons au camp de base à bout de forces. Cette fois, c'est fini. Le K2, ces efforts insensés pour aller au sommet, les tentatives de sauvetage, la course pour arriver... Nous nous étions donné deux mois pour réussir et le délai a été dépassé. Cette année encore, la montagne sauvage restera invaincue, j'en suis sûr. Par l'ouverture de la tente, je vois quelques lampes osciller sur la pente. Nous nous couchons, épuisés. Personne n'a envie de traîner ici, maintenant que le départ est décidé. Le temps est en train de tourner à la neige. Là-haut ce doit être l'enfer...

Le lendemain, le camp de base se vide en quelques heures. Chris est rentré, pas Marty ni Denali. J'espère qu'ils ont pu trouver refuge dans notre tente du camp 3. Avec les porteurs qui ont formé la caravane, nous nous mettons en route, pressés d'échapper à la morosité générale.

La nouvelle nous parvient à Concordia. Marty et Denali sont portés disparus, probablement emportés par une plaque à vent. Les sherpas qui sont partis à leur recherche, au camp 3, n'ont retrouvé qu'un piolet solitaire, encore planté dans la paroi. C'est tout ce qui reste d'eux. Le père et le fils... La tristesse me broie le cœur.

*
* *

Ne pas dépasser le Rubicon, le point de non-retour. Difficile quand la fièvre de la montagne nous saisit. On ne décide pas d'aller faire une ascension, on est appelé par la montagne. Et cet appel peut nous rendre irresponsable. Pour nous et les nôtres. L'homme ne peut pas vaincre la montagne. La montagne se contente d'offrir un passage. Et c'est à nous de savoir si les conditions sont suffisantes. Ce n'est pas la montagne qui est sauvage, c'est l'homme, bien souvent, qui projette sa face sombre sur les sommets : en n'écoutant que soi, en payant cher un sherpa pour qu'il accepte de t'emmener quand tout indique qu'il faut renoncer... Tous les himalayistes peuvent devenir aveugles à ces indices. Comme cela m'est déjà arrivé. Heureusement j'ai eu la chance d'avoir Fred et Köbi à mes côtés. Ils ont su m'ouvrir les yeux à temps.

19

L'impensable

Cathy est atteinte d'un cancer.

En 2008, alors que je m'approchais du pôle Sud, elle m'a fait part de la terrible nouvelle. À ce moment-là, je marche sur la calotte de glace. Je n'ai aucun moyen de rentrer, sinon d'affréter un avion.

— Je rentre.

— Non. Continue à faire ce que tu fais. Un cancer du sein, ça se soigne.

Pour elle, je suis allé au pôle Sud.

La suite est rassurante : la chirurgie puis la chimio-thérapie ont donné de bons résultats. Pendant deux ans, tout a semblé réglé. Mais le cancer était tenace. Il a progressé silencieusement. En 2010, Cathy a subi une mastectomie.

Hélas, ce n'est pas fini.

Les premiers signes, elle les ressent sur une plage d'Amérique du Sud, pendant quelques jours de vacances. Un tic lui fait cligner un œil, elle a des picotements dans l'avant-bras. Elle pense à un nerf coincé, oublie, ne m'en parle même pas. La seconde crise a lieu le 23 décembre 2013, alors qu'elle fait des courses pour Noël. Moi, je suis au Brésil à ce moment-là. La crise lui paralyse le visage. Elle consulte. Elle m'appelle.

— J'ai une tumeur au cerveau, Mike. Et une autre au poumon.

Les mots me mettent K-O debout. Ce n'est pas la première fois que Cathy est malade, mais ça ! Un sursaut m'arrache à la stupeur.

— J'arrive. Ça va aller, on se battra ensemble. Garde confiance.

Je ne vais pas pleurer. Je ne pleure pas. L'énergie des larmes peut être utilisée à autre chose, à nourrir l'espoir. Et je n'accepte pas, alors, l'idée de la mort de ma femme. Avec elle, je fais front. Nous ne nous coucherons pas devant le cancer. L'un de mes sponsors est la Mayo Clinic, le meilleur hôpital des États-Unis. J'ai donc accès aux meilleurs spécialistes du monde. Je les appelle.

Les jours suivants, je suis hanté par le souvenir de mes dix-huit ans. Comment ai-je vécu la mort de mon père ? Comment a-t-il affronté sa maladie ? Et ma mère ? Les sentiments de l'époque remontent, presque inchangés : la peine, les espoirs déçus et cette impression que tout s'écroule autour de moi. Ce n'est pourtant pas le moment d'angoisser, je dois rester solide pour Cathy. Je connais sa force de caractère. Avec tout ce que nous avons traversé ensemble, tout ce qu'elle a supporté, elle ne peut pas mourir. Et puis il y a les filles… Je leur explique les choses comme elles sont, sans rien cacher. Cette tumeur qu'il faut enlever, les risques d'hémiplégie, les poumons également touchés.

L'opération prévue est très lourde, Cathy est terrifiée à l'idée de rester paralysée. À moi, elle peut l'avouer :

— Si je dois être foutue, je préfère être foutue entière qu'à moitié.

Je n'y crois pas. Les médecins sont excellents et ma femme est une guerrière à sa façon, obstinée et douce… On va avancer ensemble, étape par étape. Nous passons Noël en famille, tous les deux avec nos filles. Cathy est persuadée qu'elle vaincra cette maladie. Elle a la volonté de le faire : ce n'est qu'un autre incendie à éteindre.

L'opération a lieu le 6 janvier 2014, à Genève. Elle dure huit heures. Le chirurgien iranien m'appelle pour m'annoncer que tout s'est bien passé, mieux même qu'il ne l'espérait. Il a tout enlevé. En me rappelant nos efforts pour chercher les trois Iraniens perdus sur le K2, face à ce médecin qui vient de sauver ma femme, je ne peux pas m'empêcher de penser à un clin d'œil du hasard.

Cathy se remet bien de son opération. Elle retrouve des forces. Ensemble, on commence à planifier notre prochain projet : la construction du *Panthalassa*, un bateau de 70 mètres qui emmènera des jeunes et des moins jeunes autour du monde pour les éduquer à la conservation de la planète. Notre plus grande aventure. Avec cette expédition, nous nous projetons tous les deux dans le futur ! Nous essaierons d'être utiles aux autres. Comme nous avons toujours essayé de l'être. Sans argent, ou presque, juste avec notre volonté, notre envie d'avancer, de partager.

En restant simple et honnête, on peut faire tant de grandes choses !

Cathy me pousse aussi à repartir avec Fred Roux, à l'assaut du cinquième sommet du monde, au Népal, le Makalu. Rassuré par son état de santé, je me décide.

Le Makalu est une montagne majestueuse, solitaire. Très exposée aux vents, réputée éprouvante à cause des températures polaires qui y règnent en altitude. Les passages les plus techniques se situent au-dessus de la ligne de mort : couloirs de neige et de glace, pentes à 50 degrés, arête sommitale mixte, très délicate à négocier par vent violent, avec des passages rocheux jusqu'à 8 400 mètres. J'ai découvert le Makalu pour la première fois à bord d'un hélicoptère : une masse colossale, environnée d'une couronne de nuages. À couper le souffle !

Avril 2014. L'expédition s'organise et s'annonce bien – à part un début d'œdème qui oblige Markus, notre informaticien, à rentrer. Nous arrivons à Hillary Camp, l'équivalent de Concordia, fin avril. L'ambiance est bon enfant. Les drapeaux de prières bouddhistes pavoisent le campement. Les couleurs de ces bannières symbolisent les éléments : bleu/espace, blanc/nuage, rouge/feu, vert/eau, jaune/terre. Tous les matins, les porteurs prient pour une bonne météo et la protection des hommes. Ils jettent des poignées de riz afin de contenter les dieux, brûlent de l'encens pour porter leurs invocations. La fumée, chargée d'épices, pénètre dans ma tente, voisine du lieu de cérémonie. Dehors, des falaises de granit poli sont ponctuées de glaciers suspendus. Notre camp de base est au pied de la langue des glaces, zone très accidentée qu'il faut traverser pour accéder au camp de base avancé surnommé Crampon Point, parce que les expéditions y déposent crampons et gros matériel destiné aux bivouacs d'altitude. C'est de Crampon Point qu'on s'élancera pour attaquer le sommet.

Une mauvaise nouvelle nous parvient : Yannick, un ancien légionnaire avec lequel nous avons sympathisé, enthousiaste et solide, a été emporté par une embolie dans la zone des 7 500 mètres. Il est tombé, sans même avoir la sensation de mourir. Est-ce un avertissement que la montagne nous lance ?

La mort, encore.

Le 16 mai, alors que nous atteignons le camp 2, la plupart des alpinistes redescendent, chassés par un vent polaire. Nous sommes partis un jour après tout le monde. D'après Cathy, qui a repris ses fonctions d'agent de liaison pendant sa convalescence, une fenêtre météo doit se présenter, courte mais suffisante. Tant que le blizzard souffle, nous restons sous la tente, à l'abri. Les heures passent... Et soudain, aussi brusquement qu'il s'est levé, le rugissement des vents faiblit puis s'éteint. Fred se tourne vers moi, le visage fendu par un sourire énorme. En se dépêchant, on peut rallier le camp 3 à 7 500 mètres avant la nuit. Nous démarrons en vitesse. Nous grimpons tout l'après-midi et une partie de la soirée.

Mais sur le plateau où se trouve le campement d'altitude, un spectacle de désolation nous attend. On dirait qu'une bombe a pulvérisé les tentes. Une seule semble à peu près entière, les autres sont en lambeaux. L'endroit a été déserté. Nous nous glissons sous la toile encore intacte pour changer nos chaussettes humides, nous préparer des boissons chaudes, récupérer deux ou trois heures. Pas le temps ni l'envie de s'attarder.

Nous repartons avant minuit, vers le sommet, dans les ténèbres. Les heures s'étirent, suspendues au cœur de cette nuit glaciale. Je sens mes anciennes gelures se réveiller et me tordre les doigts. Fred se plaint d'avoir les pieds gelés. C'est le froid du Makalu, un froid cruel qui vous pénètre les os, un froid mortel.

Au camp 4, juste avant 8 000 mètres, les membres d'une expédition indienne ont passé deux jours coincés dans la tempête. Ils ont tenu grâce à l'oxygène. À cette altitude, et avec le froid qui règne, il est quasi impossible de s'en passer longtemps. On évolue dans la zone de mort comme dans une bulle pétrifiée. Tout est ralenti, précaire. La cordée des Indiens progresse au-dessus de nous, leurs lumières tremblotent dans la nuit. Une courte halte, le temps de se désaltérer et de récupérer avant la dernière course au sommet. Nous mangeons des pommes de terre cuites à l'eau, avec très peu de goût, et nous repartons. Je ne ressens pas la soif, même si je sais, d'une façon presque désincarnée, que mon corps est déshydraté. Du coup, je bois trop et suis pris de nausée. Pendant que Fred se remet en marche je vais vomir à l'écart, instantanément soulagé. Vomir des pommes de terre n'est pas désagréable. Le goût est le même que quand on les mange. Si, au retour, tu tombes sur ce dégueulis et que tu as très faim, tu peux t'arrêter et le manger. Je me sens plutôt bien, capable de fournir l'effort suffisant pour couvrir les derniers 500 mètres et rentrer.

Rentrer, surtout.

Une heure, deux heures, trois... Le vent a recommencé à souffler et le jour se lève. Nous arrivons dans le « couloir français ». Fred a disparu derrière une bosse quand je réalise que la cordée des Indiens a fait demi-tour. Sous les masques à oxygène couverts de buée, les visages sont à peine visibles. En me croisant, un grimpeur explique qu'aucune corde n'a été fixée sur les soixante derniers mètres. Cela ne change rien pour moi, puisque je m'en passe. Je repars dans la pente. Sous l'effet de la bourrasque, la montagne fume, des volutes de neige s'effilochent, arrachées à la pente. Le spectacle est magnifique, terrible. Le visage me brûle, mes lèvres sont craquelées, aussi dures qu'un morceau de bois mort. Il reste encore 200 mètres après le couloir et l'escarpement final. Je stoppe pour réfléchir. Il est plus de midi et j'ai un choix à faire, aller au sommet ou renoncer. C'est comme jouer aux dés. Pour réussir, il faut aligner les facettes. La fenêtre météo est courte, mais suffisante ; le vent, tolérable. J'ai affronté des froids pires. Je me sens encore bien physiquement. Pas exténué. La seule face du dé qui me tracasse, c'est l'heure. Il est tard et je n'arriverai pas au sommet avant seize ou dix-sept heures. Le délai est-il raisonnable ?

La peur est une chose curieuse. Elle peut motiver ou paralyser, devenir un aiguillon ou au contraire démolir nos rêves. Au moment de faire un choix crucial, il m'arrive d'éprouver cette hésitation. Si je m'écoutais maintenant, je redescendrais. Si je retourne sur mes pas, la peur gagne. Elle est une indication. J'ai besoin d'avancer dans cette émotion, d'en faire mon territoire, de l'explorer jusqu'aux limites, de façon à les repousser. Tant que je reste lucide, je maîtrise la danse. Au-delà, c'est la folie.

Le challenge m'excite. Cette exploration n'a rien

d'agréable, même si, après vingt-cinq ans de voyages, le phénomène m'est devenu familier. Est-ce de cette manière que Yannick le légionnaire est mort ? En tablant sur son endurance ? Les soldats sont entraînés à ne jamais lâcher. Même exténué, on continue. Blessé, fiévreux, on se dépasse, on se bat ou on crève. En montagne, ce genre de conditionnement, basé sur la force virile, peut devenir dangereux, j'en sais quelque chose puisque j'ai été formé de la même manière. Je peux comprendre ce qui a poussé Yannick à ignorer l'ultime limite. On enseigne aux militaires à se dépasser sans cesse, à ne pas céder, mais la nature a toujours le dernier mot. Face à elle, il faut parfois accepter d'être petit, fragile. Au sommet d'un 8 000, la force brutale ne sert à rien… Très souvent, je dois m'en rappeler car je sais que je peux me faire emporter par ces instants.

J'y vais. Je me remets en route lentement. Avoir pris une décision claire me tranquillise.

Soudain, Fred apparaît à quelques mètres. Il descend rapidement, sans faire attention à moi. Quelque chose cloche, mais mon impression est floue, détachée. Je lui demande comment c'est là-haut, et après m'avoir jeté un coup d'œil vague il se contente de me lancer deux mots :

— Fais gaffe.

J'ai l'impression de voir un homme hanté. Il s'éloigne d'un pas déterminé qui me rassure. Je me demande si je ne devrais pas faire demi-tour pour l'accompagner, lui mon pote, lui dont je voudrais qu'il m'aide si, un jour, je suis dans la merde… Et pourtant je continue. L'appel du sommet est plus fort. Je le laisse descendre seul. Je monte pas à pas. À l'arrache.

Aujourd'hui, je me dis qu'à cette altitude, il n'y a plus de copains. Tu ne sais plus vraiment qui tu es. L'homme se perd. Comme tout en bas, dans la ville, où l'on prête si peu attention à l'autre. On regarde les autres, oui, attentivement, fixement, mais sans leur tendre la main. L'homme perdrait-il cette capacité de vouloir aider naturellement ? Au fond de nous, on doit juste veiller à rester bons. Comme on doit accepter de s'encorder à l'autre, pour surmonter les épreuves de la vie.

Fred gardera peu de souvenirs de notre rencontre. À cet instant, il peine à respirer. Il a les poumons qui gèlent. Intuitivement, il a compris que s'il voulait sauver sa vie, il devait rejoindre le camp de base aussi vite que possible. Cette pensée oblitère tout le reste. Descendre pour survivre.

Je suis sur l'arête, à cheval entre la Chine et le Népal. Les traces de Fred dessinent la voie jusqu'au sommet. Encore trois poussées quasi verticales. Mon souffle est si court que je dois reprendre des forces après chaque pas.

Enfin, j'atteins le pic, en plein ciel, et je reste prostré un moment. J'y suis enfin, je suis au sommet du Makalu ! Mes gestes sont mécaniques, je me suis programmé. Sortir la caméra. Filmer. Je sais qu'il ne faut pas s'attarder mais quelque chose me retient, comme si le temps étirait les secondes. Je réalise que je suis sans doute le seul homme perché sur le point culminant du monde ! La pensée s'attarde, incroyable. Une heure passe entre la première et la dernière photo. Je suis incapable de calculer le temps, je ne songe pas à regarder ma montre. Je me sens parfaitement bien, envoûté par le silence et le vide. Je ne réalise pas que mes chances de rentrer se réduisent à chaque minute écoulée.

La zone de mort se referme sur moi, vite.

Je redescends.

Je ne le sais pas mais c'est ma dernière aventure avec Cathy.

Aujourd'hui, je la lui dédie.

À mon retour, Cathy rencontre les spécialistes du Dana Farber Cancer Institute pour essayer un nouveau traitement contre le cancer du poumon. Nous allons surmonter cette épreuve. La seule restriction, c'est de rester à proximité de l'hôpital. Pour Cathy, c'est un changement radical : elle n'est plus aussi libre qu'avant. Sa vitalité s'émousse. Elle change.

Pour moi, elle reste la plus belle femme du monde.

Pourtant, quelque chose, en elle, s'est évaporé. Elle n'a plus cette énergie fabuleuse qui la portait. En décembre 2014, tout va bien. Nous passons les fêtes avec bonheur, encore une fois.

Mais, sans que je le sache, c'est la dernière. Peu après, Cathy se plaint de maux de tête terribles. À l'examen, on décèle des lésions du cerveau. La vie continue : nous faisons comme si de rien n'était.

Mais la vie ne continue pas.

Avec le Nouvel An, je vois que ma Cathy glisse dans une autre réalité. La douleur, la thérapie, la maladie la transforment rapidement, désormais. Sa vision, son élocution ne sont plus les mêmes. Elle souffre. Les médecins autorisent la prise de morphine. Nos filles, Annika et Jessica, suivent la prise de médicaments, notent tout sur un carnet : les symptômes, les effets secondaires. Grâce à elles, Cathy pourra rester le plus longtemps possible à la maison.

Je dois aller au Panamá pour une émission télé. C'est dans mon contrat. Je pars cinq jours en janvier, et, quand je reviens, Cathy a l'air en forme. Elle reste au lit, mais est autonome. Elle reçoit des amis, elle converse. Puis, je repars au Panamá, et je reçois un coup de téléphone :

— On emmène maman à l'hôpital, reviens.

Je saute dans un avion, je passe par New York, j'arrive à l'hôpital. Cathy est là, allongée, visiblement affaiblie. J'entre dans la chambre, elle me sourit. Elle me tend les bras. Elle est toujours belle, mon Dieu, si belle... Son corps est en train de mourir, mais son esprit, non.

C'est la dernière image que je garde d'elle.

Il n'y aura plus d'autre signe de vie.

Deux jours plus tard, je passe ma troisième nuit auprès d'elle. Il est sept heures du matin, je me penche sur elle. Elle dort. Puis sa respiration s'arrête.

Pour la première fois de ma vie, je me sens vaincu. Quand mon père est parti, j'ai éprouvé de la colère. Quand Cathy est partie, elle m'a laissé son amour.

Nous avons vécu plusieurs vies ensemble, en vingt-trois années. Je continue à lui parler, la nuit. Sa mission, désormais, est autre : elle fait partie, intimement, de tout ce que j'accomplis. Quoi que je fasse, quoi que je dise, elle est là. Mes filles, maintenant, ont pris le relais auprès de moi. Un jour, je les quitterai aussi. Il faut accepter cette donnée.

Mais je leur laisserai l'amour infini que j'ai pour elles, et que Cathy avait pour elles.

20

Toucher les étoiles

L'existence a beaucoup de facettes. Certaines sont assez sombres, d'autres paraissent insurmontables, mais je n'ai jamais perdu espoir. Les épreuves ne font que renforcer ma détermination, et même si je navigue à vue, j'ai conscience que la vie est dans le mouvement. Si je me coupe de cet élan fondamental quelque chose d'essentiel me manquera. Cette fois pourtant, je suis ébranlé, comme si je réalisais que les accidents frappent n'importe où, n'importe qui. J'ai tellement l'habitude de prendre des coups, je m'expose si souvent au danger que j'ai tendance à penser que ceux que j'aime sont intouchables, préservés. Logiquement, c'est moi qui aurais dû mourir, pas Cathy ! La prise de conscience est violente, toutes mes certitudes volent en éclats et je me découvre fragile face à ce que je ne peux maîtriser. Me revient en mémoire ce conseil que mon père me donnait pour discipliner mes élans :

— Si tu gardes les pieds sur terre tu peux toucher les étoiles, mais si tu essaies de voler sans un point d'appui tu n'iras pas loin.

Ce point d'appui, je l'ai trouvé auprès des miens. Cathy en était la base, le socle qui faisait tenir l'ensemble.

Elle s'en est allée. Mais mes filles sont là. Le socle demeure.

J'ai toujours poussé mes filles à chercher leurs vrais désirs, à conquérir leur liberté. Et je leur ai montré que rien n'est impossible quand on le veut vraiment. Le reste, Cathy s'en est chargée, sans moi.

Les périodes passées à la maison étaient trop courtes pour que j'impose une autorité, j'ai préféré partager l'essentiel avec elles, les écouter, les regarder grandir, répondre à leurs questions sur le sens de la vie. À chaque départ, c'était un déchirement. À chaque retour, je devais trouver ma place dans leur vie, dans notre maison. L'éducation d'Annika et de Jessica, c'est Cathy qui l'a prodiguée, jour après jour. Elle leur a donné des ailes. Moi, je leur ai appris à s'en servir.

Parfois encore, je me sens comme un visiteur chez moi. N'est-ce pas le lot de tous les voyageurs ? J'éprouve un peu la même chose au pôle Nord ou dans l'Himalaya. Je suis là pour un moment mais je sais que, demain, je repartirai ailleurs.

La maison a beau être mon port d'attache, bientôt je me remettrai en route.

On m'a souvent demandé comment je faisais pour risquer ma vie alors que les miens m'attendaient, si j'étais inconscient ou terriblement égoïste… Une chose est claire : je ne pars pas par désamour pour ma famille. Je rentre par amour. Ce sentiment m'accompagne à chaque exploration. Les visages de ma femme et de mes enfants me remettent debout quand mes limites d'endurance sont dépassées. Dans ces moments critiques, perdu à des milliers de kilomètres, la force du lien se révèle.

Ma mère racontait parfois en riant que c'était une horreur d'être enceinte de moi, je n'arrêtais pas de lui donner des coups de pied, tellement j'étais pressé de sortir. J'ai eu beaucoup de chance avec la femme de ma vie. Maintenant, elle est partie.

Mais elle est là, avec moi, à jamais.

Entre deux expéditions, j'ai embarqué avec mes filles sur mon bateau pour des vacances. De la Nouvelle-Zélande, nous avons mis le cap sur le Japon en passant par les îles sauvages de Papouasie. Au milieu du Pacifique, non loin d'un îlot perdu, il y avait un cimetière d'avions et de bateaux qui rouillaient depuis la dernière guerre. Nous sommes descendus jusqu'à un porte-avions coulé. Nous avons plongé à 42 mètres de profondeur. C'était une descente en eau profonde, mais les filles étaient entraînées et je veillais sur elles. Je les ai regardées évoluer à travers les coursives corrodées par les eaux, ou bien assises aux commandes des avions posés sur ce navire gigantesque, et j'ai éprouvé une émotion étrange de les voir aussi libres et hardies...

Cette confiance, cette certitude que la vie vaut d'être vécue et explorée, nous la leur avons transmise, Cathy et moi.

Juste avant de mourir, mon père m'a enseigné qu'il ne fallait jamais oublier de vivre, parce qu'on ignore quand tout finira. Sa phrase résonne encore en moi. Peut-être qu'une part de mon besoin dévorant d'affronter l'inconnu vient aussi de cette perte. Je ne prétends pas que les autres chemins sont moins valables que le mien, je crois qu'on est seul à pouvoir choisir et décider, seul à marcher, et seul à savoir ce qu'on peut changer pour trouver un sens à l'existence. Chaque année, je me donne un objectif différent, un peu comme si j'ouvrais un tiroir vide au 1er janvier pour le refermer le 31 décembre, plein de voyages. Les années passent, je deviens plus sage, je n'ai rien perdu de mon enthousiasme mais j'ai besoin de cet élan pour avancer.

En mourant, les artistes lèguent leurs œuvres, le peintre ses tableaux, l'architecte ses monuments. Mais quelqu'un comme moi ? Mes œuvres ne se touchent pas, au mieux on peut entrevoir mes traces sur une photo, lire le récit de mes exploits dans un livre. Alors, j'aime penser que je laisserai l'envie de vivre libre. J'ai couru toutes ces années, pas seulement à la recherche de sensations fortes, mais poussé par un sentiment qui touche à la vie même.

La liberté.

30 000 jours

En juillet 2015, j'ai tenté une nouvelle fois le K2. Une tentative qui est tout sauf un échec. Chaque fois que je rentre vivant, c'est que j'ai réussi, même si je ne suis pas arrivé au sommet... Mes filles m'ont accompagné jusqu'au camp de base. À 5 000 mètres. Tous les trois, nous avons senti le besoin de continuer l'aventure et de la partager. Nous ne voulions pas rester à la maison en cherchant une mère, et une femme, qui n'était plus là. Ce n'est pas dans une maison fermée, mais dans l'immensité de la nature, que nous trouverions des réponses à nos questions. Et puis nous savions que l'esprit de Cathy voyagerait avec nous.

Dans une vidéo sur mon site, que j'ai finalement retirée, on voyait un alpiniste mort. Beaucoup n'ont pas compris et j'ai moi-même compris leur gêne. Dans la vie, chacun d'entre nous perd des amis, des membres de sa famille, qu'à un moment ou un autre nous avons aimés. C'est la réalité. Une réalité à laquelle aucun d'entre nous ne peut échapper. J'ai perdu l'amour de ma vie, ma femme. J'ai perdu beaucoup d'amis lorsque la guerre en Angola a éclaté. J'ai perdu mon père quand j'avais dix-huit ans. Et pour ce qui est de la « communauté » des explorateurs, j'ai perdu en moyenne un ou deux amis par an. Je ne suis donc pas étranger à la mort. Et c'est très dur pour ceux qui restent ; un bon nombre de fois j'ai voulu négocier, en disant « Prends-moi, moi, plutôt qu'une personne que j'aime ».

J'ai essayé de sauver des vies, que ce soit en pleine montagne, en mer ou pendant la guerre, mettant ma vie en jeu pour les autres. Ces amis qui vivent leur vie pleinement payent le prix ultime, comme je devrais peut-être le payer un jour moi aussi, vu ce que je fais. Pour autant, ce n'est pas une raison pour nous arrêter tous de vivre, mais plutôt une raison de vivre plus prudemment, et d'apprendre à partir de nos erreurs. Il y a 30 000 jours dans une vie ! Vivez tous les jours au maximum. La vie vous donne le choix, une vie longue et étroite, ponctuée de peu de risques ; ou une vie courte et large où vous prendrez beaucoup de risques. Nous choisissons tous personnellement comment nous souhaitons vivre notre vie.

Si vous vivez en paix et êtes heureux de la relation que vous avez eue avec ceux qui vous ont quitté, alors vous pourrez mieux accepter le fait que ces êtres chers vous ont été pris. Bien que j'aie souvent pensé que ce n'était pas juste que ceux que j'ai aimés m'aient été retirés, j'ai accepté depuis longtemps le fait qu'ils ne sont plus là en tant que personnes, mais que leur esprit vivra pour toujours. Et c'est pour cette raison que je ne suis pas attaché à un corps ; je suis attaché à l'esprit de la personne, à sa bonté.

Lorsque je mourrai en faisant ce que j'adore, je mourrai heureux. Mes filles et ma famille seront heureuses pour moi, mon esprit quittera mon corps qui sera devenu vieux et inutile. Mon esprit sera ainsi délivré et pourra parcourir le monde en toute liberté, mon corps ne pouvant plus le retenir.

Quelques mois avant sa mort, en 2008, le célèbre alpiniste néo-zélandais sir Edmund Hillary, le premier à avoir gravi l'Everest, le 29 mai 1953 avec le sherpa Tensing Norgay, m'a envoyé un billet de cinq dollars à son effigie, signé de lui, soigneusement encadré, comme un petit tableau. D'une écriture un peu tremblante, presque enfantine, cet homme de quatre-vingt-neuf ans avait ajouté un petit mot sous le billet. Il me disait qu'il était heureux, lui qui sentait la fin approcher, que d'autres perpétuent l'esprit d'aventure et d'exploration. Toute sa vie, il l'avait consacrée à ces ascensions, mais aussi à aider le peuple sherpa, construisant des écoles et des hôpitaux dans la région de l'Himalaya. Un homme immense de générosité. Lui aussi avait connu des épreuves, la mort de sa femme Louise et de sa fille Belinda, notamment, dans un accident d'avion au Népal, vers Katmandou. Son attention m'a touché au-delà de tout. Respect entre montagnards, respect entre explorateurs. Depuis sa disparition, j'ai compris que chacun de nous, dans sa vie, a son propre K2 à gravir. Si on ne lâche rien, et qu'on prend les bonnes décisions, on peut trouver les solutions. L'important c'est d'essayer, de ne pas rester sur un échec. Comme moi qui ne suis pas toujours arrivé au sommet, il faut continuer de se battre. L'espoir d'arriver un jour en haut de la montagne doit toujours rester vivant.

Avec le départ de Cathy, j'ai appris que l'acceptation nous permet de vivre heureux et que la réalité n'est pas toujours un conte de fées. La valeur de la vie est dans nos mains. À nous de cultiver notre différence, notre personnalité, à nous de faire un pas de côté pour vivre nos rêves et ne jamais nous laisser emprisonner.

Mais l'homme ne doit jamais se sentir plus grand que la vie. Rester humble, vivre simplement, avoir du respect en toutes circonstances, c'est la manière la plus facile d'affronter les problèmes au quotidien. C'est dans la simplicité qu'on trouve les solutions.

Comme mon père me l'a toujours dit, et comme je le répète aujourd'hui à mes filles : il faut garder les pieds sur terre pour pouvoir toucher les étoiles.

Remerciements

Merci à Cathy, Annika et Jessica d'avoir toujours été présentes lorsque j'étais à l'autre bout du monde.

Merci à Johann Rupert pour sa gentillesse, sa compréhension, et les idées et le soutien du Richmont group.

Merci à Jean-Jacques et Hélène Miauton, des amis merveilleux, toujours prêts à rendre service. À Albert Baehny, qui a cru aux changements importants dans mes projets. À Paul Petzl, pour son aide quand cela a été nécessaire. À Tony Buckingham, qui a toujours eu foi en moi.

Merci à tous nos amis qui nous ont soutenus pendant les moments difficiles :
Clinique de La Source, Dr Marie-Christine Gailloud-Mattieu, Dr Marc Gander, Tess Larosse, Roland Delez, Denise Sheridan, Carrie Hobson, Malcolm Legget, Rachael Jackson, Danielka Favre, Steve Ravussin, Blanche Horn, Elmarie Horn, Linda Horn, Celeste Horn.

Merci à mes partenaires :
Mercedes-Benz, mon principal sponsor
Panerai
Geberit
Nespresso
Mumm
Petzl
Scott
New Rock Team
AKKA Maurice Ricci
Global Jet, Mike Savary
Mayo Clinic

PANGAEA Team
Merci à Martin Horn, Caroline Henrioud, Alexis, Benedikt Schinppenkotter, Nic Good, Dimitri Sharomov, Michael Scholl, Luke Johnson, Denise Delens, Alexis Haesler.

Boat Team
Merci à Jacek Proniewicz et Tristan Jan.

Pirate Team
Merci à Stephen Horn, Adrain De Fay et Étienne Joubert.

Monaco
Merci au prince Albert de Monaco, à Bernard d'Alexandria, du Monaco Yacht club, et à Bruno Philipponnat.

Pardon enfin à tous ceux que je n'ai pas cités et qui auraient dû figurer dans ces remerciements.

Merci à Virginie Jouannet, François Forestier
et Renaud Leblond qui ont aidé Mike Horn
à mettre en forme ce récit.

Table des matières

POCKET N° 13558

Mike Horn

Objectif :
Pôle Nord de nuit

*Plus qu'un exploit
sportif, une expérience
fraternelle et humaine
hors du commun...*

POCKET

Parce que personne
ne l'avait fait !

Mike HORN

OBJECTIF : PÔLE
NORD DE NUIT

Mike Horn et Borge Ousland ont tenté l'aventure la plus
dangereuse : rallier le Pôle Nord en hiver, sans assistance
ni ravitaillement. Deux mois de traversée dans un noir
total, sur une glace d'une redoutable minceur, hantée
par les ours blancs, où les montagnes de blocs géants
alternent avec les étendues d'eau noire et glacée.

Comment ces deux aventuriers de l'extrême vont-ils
survivre dans un environnement hostile et inhumain,
où l'on flirte perpétuellement avec la mort, où la vie
de l'un est en permanence entre les mains de l'autre ?

Composition et mise en pages
Nord Compo à Villeneuve-d'Ascq

Imprimé en Espagne par
Liberdúplex
à Sant Llorenç d'Hortons (Barcelone)
en mars 2017

POCKET – 12, avenue d'Italie – 75627 Paris Cedex 13

Dépôt légal : avril 2017
S27351/01